U0819735

# 新一轮集体林地确权对农户林地流转和林业投入的影响研究

朱文清　张莉琴　著

中国财经出版传媒集团
中国财政经济出版社

**图书在版编目（CIP）数据**

新一轮集体林地确权对农户林地流转和林业投入的影响研究／朱文清，张莉琴著．--北京：中国财政经济出版社，2019.10

ISBN 978-7-5095-9242-7

Ⅰ．①新…　Ⅱ．①朱…②张…　Ⅲ．①林业政策-研究-中国　Ⅳ．①F326.20

中国版本图书馆 CIP 数据核字（2019）第 205047 号

责任编辑：李昊民　　责任印制：张　健

责任校对：李　丽　　封面设计：北京兰卡绘世

中国财政经济出版社 出版

**URL**：http：//www.cfeph.cn

E-mail：cfeph@cfeph.cn

**（版权所有　翻印必究）**

社址：北京市海淀区阜成路甲 28 号　邮政编码：100142

营销中心电话：010-88191537

天猫网店：中国财政经济出版社旗舰店

网址：https：//zgczjjcbs.tmall.com

北京中兴印刷有限公司印刷　各地新华书店经销

787×1092 毫米　16 开　15.5 印张　210 000 字

2019 年 12 月第 1 版　2019 年 12 月北京第 1 次印刷

定价：62.00 元

ISBN 978-7-5095-9242-7

（图书出现印装问题，本社负责调换）

本社质量投诉电话：010-88190744

**打击盗版举报热线：010-88191661　QQ：2242791300**

本书为国家自然科学基金“1978年以来集体林产权制度及相关林业政策对森林资源与木材供给的影响研究——基于长期大样本动态效率视角”（项目编号：71673066）和“改革开放40年来我国集体林产权制度即相关林业政策对农户林业生产要素配置及其收入影响——基于多层次长期大样本动态路径”（项目编号：71873043）成果的一部分。

# 摘 要

我国集体林业用地面积占全国林地面积的比重维持在60%左右，在生态文明建设和改善农户生计中，集体林占据重要地位。改革开放40年来，我国不断探索集体林产权制度安排与变迁。2003年以来，福建、江西、辽宁等率先启动了新一轮集体林权制度改革；2008年以后，在全国全面铺开新一轮集体林权制度改革，2013年已基本完成新一轮集体林地确权工作。在已完成新一轮集体林确权的区域，2009年，陆续启动了以森林保险、林权抵押、林地流转等为主的新一轮集体林权制度改革的配套改革试点，2013年以后，在全国范围内推行新一轮集体林权制度改革的配套改革。新一轮集体林权制度改革及其配套改革已实施了多年，我们需要回答新一轮集体林地确权是否促进了农户林地流转，是否实现了激励农户林业长期和短期投入等改革的预期目标。

本书回顾了新一轮集体林产权制度及其配套改革的内容、进程以及集体林地流转和农户投入状况及存在的问题。把农户理性假说作为本书研究的切入点，运用产权理论与绩效理论，构建新一轮集体林地确权对林地流转及农户林业长期与短期投入影响的理论框架。本书利用国家林业局经济发展研究中心的“中国集体林权制度改革相关政策问题研究”研究团队的多层次长期大样本数据库，包括农户、村、乡镇和县等多层次样本，包含

9个省区、18个县1200个样本农户，2003年和2007—2015年的长期跟踪观察数据。选择“农户是否获得林权证”和“已确权年限”等来度量农户新一轮集体林地确权状况，进行了阶梯效应、集体林产权内生性多种计量经济学检验，利用双重差分、内生转换等计量经济学模型，估计了新一轮集体林地确权对农户林地流转、林业长期与短期投入的影响。

本书的主要研究结论如下：第一，集体林地确权促进了农户林地的流转，使确权户林地流入概率增加了6%，林地流出的概率增加了1.7%；采用反事实分析方法，如果对未确权农户的林地进行确权，那么农户林地流入和流出概率则分别增加59%和43.6%；新一轮集体林地确权年限越长，农户林地流入和流出的概率越高，这一结果表明新一轮集体林地确权对林地流转的长期效果更为明显。第二，新一轮集体林地确权显著地增加了造林面积、造林资本、造林和森林抚育劳动力等林业长期投入，尤其对大规模农户的林业长期投入产生了显著影响；新一轮集体林地确权对农户林业长期投资的影响具有明显区域特点；新一轮集体林地确权显著促进农户对速生丰产林的投资，对其他林种的影响则不显著，这与速生丰产林的经济回报期短和经济回报率高有关；确权对林业长期投入的政策效果在确权第一年就出现，但是持续时间不长。第三，新一轮集体林地确权对农户林业短期资本和劳动力投入有激励作用，尤其对中等林地经营规模农户的林业劳动力投入有显著作用，确权对农户林业短期投资的影响与地区和林种有关，确权对林业短期投入的影响会随已确权时间的延长而增强，并且持续时间长于对长期投入的影响。

根据本书新一轮集体林地确权对农户林地流转和林业长期、短期投入的经验性结果，我们可以得出一些政策建议：一是进一步完善新一轮集体林地确权工作，对未确权的林地尽快核发林权证；二是完善林地流转市场，对流转合同、支付方式等进行规范，适度扩大集体林地经营规模；三是关注中小规模农户，给中小规模农户的林业经营提供技术指导和政策引导；四是保障林地产权的安全性，使产权对农户林业生产投入的影响有持续性。

# 目　录

# 第 1 章

# 导　论

## 1.1 研究背景与研究意义

在我国生态文明建设和改善农户生计中，集体林占据重要地位。集体林业用地面积占全国林地面积的比重一直维持在60%左右[1]。从第三次全国森林资源清查期（1984—1988）到第八次全国森林资源清查期（2009—2013），集体林业用地面积、有林地面积、活立木蓄积、林分面积和蓄积分别增长了20.10%、84.45%、109.22%、82.35%和146.45%①。集体森林资源得到了长足发展，主要原因在于政府增加了对林业的投入，按照不变价计算，2016年的国家投资比1978年增加了37.46倍[2]。虽然同期集体林地生产力增长了28.13%，高于全国林地生产力18.33%的平均增长水平，但是集体林地平均生产力仅相当于国有林地平均生产力的40%左右[3]。由于集体林地林木权属不清和不安全以及林业税费重等多种原因，导致农户经营集体林地的积极性不高，对集体林地的投资长期低迷，成为

① 第五次全国森林清查工作执行原林业部1994年颁发的《全国森林资源连续清查主要技术规定》，并修改了部分技术标准：一是将森林郁闭度标准由大于0.3改为大于0.2；二是人工林按保存株树的判定标准由每公顷保存株数大于或等于造林设计株数的85%改为80%；三是未成林造林地的判定标准由每公顷保存株数大于或等于造林设计株数的41%改为80%；四是灌木林的覆盖度标准由大于40%改为大于或等于30%。第五次全国森林资源清查结果表明：郁闭度0.2～0.3的林分面积占林分总面积的20.1%。

制约集体林地可持续经营的重要因素之一。集体林地产权制度历经了多次频繁变迁，林地产权安全性与持久性偏弱，学界和实业界认为：拥有安全的土地产权是激励林业经营主体增加林业投入的关键因素之一，有助于重新配置生产要素，提高林业经营管理的全要素生产率，促进经济多样化和增长[4]。

改革开放40年来，政府在不断探索有效的集体林产权制度安排。20世纪70年代末，中国重新定位社会经济发展思路[5]，拉开了改革开放的大幕。20世纪80年代初期废除人民公社时，我国率先开展了农村土地改革，实行家庭联产承包责任制，这一政策被认为是我国农村20世纪80年代农业出现惊人增长的关键因素[6-7]。农业家庭联产承包责任制的成功实施，为中国集体林区引入家庭经营提供了良好参照系，考虑到当时出现的严重森林采伐和森林退化促进了集体林区的改革，以林业维持生计的农民要求获得家庭承包责任林地和家庭自留林地的使用权[8]。当时集体林权制度改革是否借鉴农地产权制度改革存在相当大的争议[9]，反对在集体林区引入林业家庭经营的人士主要引用马克思的林业生产周期比较长不适合采用私人和资本主义形式进行经营管理，需采用公有制形式加以经营。1981年，我国集体林区最终还是推行了以“三定”（稳定山林权属，划定自留山，确定林业生产责任制）为主的集体林权制度改革，集体林经营管理从以集体经营为主转向以家庭经营为主[8]。截至1986年年底，南方集体林地实行家庭承包经营的约占集体林地总面积的69%，但在全国各地存在相当明显的差异，浙江省的林地家庭承包到户率已达77%[10]，但福建省的林木分配到户率仅为32%[11]。由于当时集体林产权改革和林产品市场化改革时机不匹配、林地承包期过短以及集体林产权相关配套改革措施未落实等多种原因，没有实现遏制1980年前后出现的乱砍滥伐的集体林权制度改革目标，反而造成了南方集体林区①更大规模的毁林。鉴于此，1987年，中央政府终止了这一集体林权制度改革进程，再度鼓励集体经营管理，希望回归集体统一经营，但各地进展不一，有的省区收回了已分配到家庭经营的责任山和自留山；有些则没有收回，依然维持责任山和自留山。

1987年以后，全国各地对集体林产权实现形式进行探索，如福建省的林业股份合作制、山西省的“四荒拍卖”和山东等省区的集体林地租赁经营等。虽然进行多种形式的集体林产权制度实现形式的探索，但是依然存在集体林地经营粗放，林地生产力水平低和对农民收入贡献低等问题。进入21世纪以来，我国发展战略从以农补工转向以工补农和城乡统筹，林业发展理念从获取木材的永续利用转向兼顾生态和社会经济发展的可持续森林资源经营，新农村建设和后续的乡村振兴与美丽乡村建设对集体林经营管理提出了新要求与思路，中央政府希冀实现森林蓄积和有林地面积的双增，并向国际社会做出了负责任的庄严承诺。2001—2002年，时任国务院副总理温家宝主持了《中国可持续发展林业战略研究》工作，提出了推行新一轮集体林权制度改革为实现上述目标和要求的重要手段；2001年，福建省武平县集体林权制度改革试点，把集体林地林木的承包权和经营权落实到户；2003年，中共中央、国务院颁布了《关于加快林业发展的决定》明确提出推行新一轮集体林权制度改革。2003年，福建省率先启动新一轮

① 南方集体林区包括以下十个省份：分别为安徽、江西、广东、广西、湖南、湖北、浙江、福建、贵州、海南。

集体林权制度改革；2004 年以后，浙江、辽宁、江西、湖南等陆续启动了新一轮集体林权制度改革；2008 年，中共中央、国务院出台了《关于全面推进集体林权制度改革的意见》，除上海和西藏以外，其余各省市区全力推行集体林权制度改革；2009 年，在完成集体林地确权即主体改革的基础上，推行造林与抚育补贴、森林保险、采伐制度改革、减免税费和合作社等配套改革。

新一轮集体林权制度改革的主要目标可以概括为：明晰产权、承包到户；在集体林地确权的基础上，完善集体林权制度改革的配套改革，逐步形成集体林业的良性发展机制，实现资源增长、农民增收、生态良好、林区和谐。已确权的集体林地颁发具有全国统一编号的林权证，农户承包经营期延长至70 年，并强化集体林地林木权属纠纷调处工作。新一轮集体林权制度改革要求尽可能地把集体林地划归到家庭经营，国家林业局等中央机构对不同区域的家庭经营比重做出了明确规定。截至 2017 年年底，集体林地确权面积 1.80 亿公顷，累计发证面积达 1.76 亿公顷，其中家庭经营面积为 1.30 亿公顷（家庭经营占集体林面积的比重为 72.22%），发证面积占已确权面积的 97.65%[12]。

1981 年以来，打破了人民公社（乡镇）、大队（村民委员会）、生产队（村民小组）单一所有者，农户等经营主体获得了林地承包权和林木所有权，经营主体多元化使集体林地林木流转具有潜在可能性，能否成为现实需要相关制度支撑；随着法律和意识形态以及政府相关政策的调整，集体林地从禁止流转，过渡到可以转包；再到可以在本集体经济组织内流转，进而发展到在非本集体经济组织外流转，新一轮集体林权制度改革以及出台林地“三权”分置政策以后，政府积极鼓励集体林地林木流转，以期建立民营林场、家庭林场、农民林业专业合作社等新型经济组织，实现规模经济。Mise[13]和Solow[14]认为发展中国家缺少的是资本，De Soto[15]提出通过完善法律和产权的方式增加发展中国家的资本积累，农户获得集体林地承包经营权和林木所有权以后，一方面获得集体林地承包经营权的农户自己独立经营可以获得收益；另外一个方面通过流转给其他经营主体获得收益或作为抵押物进行融资并构建新的生产技术而获得收益[16]。集体林生产要素资源有效配置是通过集体林地林木确权并流转起来，实现森林资源资产资本化而实现的。集体林地林木流转以后，集体林产权的内涵得到进一步扩展，在保护集体林地承包经营权安全性以外，尚需要扩展为保护集体林地林木流转后的农户承包权的收益不受侵犯，从而保证从熟人社会配置跨越到陌生人社会配置集体林生产要素[17]，在陌生人之间配置资源是人类社会进步和经济发展的前提条件[18]。不能创造出新价值的森林资源资产难以资本化，这将导致在更为广泛的时空群体之间有效配置资源的可能性不大。

纵观全球林地产权状况，政府出于经济发展、工业化、城市化和人口压力等考虑，一直控制着绝大多数林地[19]。1985年以来，全球森林呈现出分权化经营的趋势，包括我国在内，许多国家采取立法和制定政策等方式，通过权力下放和分权的方式实施产权改革[20]；在全球森林资源最丰富的30个国家中，至少一半以上的国家林地实行分权化管理[21]。1981年以来，我国集体林权制度改革亦表现为分权态势，与国际上林权分权过程较为一致。自福建省启动新一轮集体林权制度改革已有15年了，研究我国集体林地确权对林地流转和农户投入的影响具有一定程度上的国际意义，对于非洲、南美、东亚、东欧等一些国家与地区，尤其是从计划经济向市场经济转型的国家和地区具有特殊的借鉴意义，如越南及东欧和非洲的一些国家和地区从习惯林地权属过渡到私有权属。

现阶段，中国集体林地以家庭经营为主，由家庭经营的集体林地面积占集体林地总面积的比重达50%以上，在某些省份这一比例能达到80%以上[22]。这一调查结果显示：虽然在林业“三定”以后推行收回分配到农户的自留山和责任山等形式，家庭经营依然为我国集体林产权主要模式。而现在经历了新一轮集体林权改革后，在某些地区集体林地林木仍旧存在权属不清，纠纷不断，责权利不明确，利益分配不合理，集体林经营管理机制不活，林地林木流转不规范等问题，加上森林资源增长缓慢以及林地生产力水平不高，这直接制约了农民从森林资源经营管理中获取更高的经济回报，不能很好地提供更好更多的生态系统服务。

面对长期以来农户经营集体林地的积极性不高，集体林地的细碎化程度高，林业规模化经营程度低下，而林木的生长周期相对较长，对农户而言经营风险高。因此，新一轮集体林地确权给农户是否能够带来产权安全性的提升，进而影响农户的生产决策，将是我们将要研究的问题。本书将从以下几个方面探讨产权对农户生产的影响：新一轮集体林地确权是否促进了农户林地流转？在多大程度上促进了农户林地流转？是否促进农户对林业的短期和长期投入？从而提高集体森林资源可持续经营和集体林地生产力水平。

新一轮集体林权制度改革及其配套改革启动以来，已有一些研究开展了新一轮集体林确权及其配套改革措施对森林资源、农户林业生产要素投入和农户收入的影响[10,23-26]。徐晋涛等基于2006年和2007年福建等8省区的样本农户数据分析，可以看出新一轮集体林权制度改革带动了农户收入的增加[27]，林业生产投入有所增加[28]；新一轮集体林权制度改革仅对当年造林面积有显著正向影响[29]；刘珉[30]发现新一轮集体林权制度改革显著增长了农户造林的概率。利用国家林业局经济发展研究中心农村林业研究团队的长期大样本农户数据库，Lin、Qu和Liu等[31]发现采伐权能够有效地提高样本农户的造林投入。与新一轮集体林权制度改革及其配套改革所产生影响相关的已有文献为后续研究提供了良好借鉴，但据我们所知，依然存在需要改进的学术空间。已有研究主要采用短期小样本农户样本研究新一轮集体林地确权及其配套改革对农户林地流转和林业劳动力、资本的影响，但没有区分不同林地类型、林业长期和短期劳动力和资本的影响，且未考虑到新一轮集体林地确权的时间长短所产生的影响，因此，不能很好地反映新一轮集体林地确权对农户林地流转和其长期、短期林业劳动力与资本的影响。本书采用国家林业局经济发展研究中心“中国集体林权制度改革相关政策问题研究”研究团队的多区域长期大样本农户数据库，研究新一轮集体林地确权对不同类型林地流转和农户长期、短期资本和劳动力的影响，并考虑到这些影响的区域异质性影响。因此，本书的研究可以在这些方面弥补已有文献的不足。

## 1.2 本书的研究目标与研究内容

考虑到国际上林权分权趋势，鉴于我国新一轮集体林权制度改革已启动10余年，在新一轮集体林地确权的基础上，2009年以来，又陆续启动了新一轮集体林权制度改革的配套改革，这些集体林权制度改革及配套改革为我们开展本书研究提供了丰富的准自然实验场所；并考虑到已有的研究进展和本书的研究背景，设定如下研究目标与研究内容。

### 1.2.1 研究目标

1. 总体目标

本书的总体目标可以表述为：本书研究新一轮集体林地确权是否激励农户流转其经营的责任山和自留山；是否促进了农户增加短期和长期林业生产要素投入，实现森林资源可持续经营；也就是说，采用长期大样本农户数据回答是否实现了新一轮集体林权制度改革及配套改革的预期目标的问题。

2. 具体目标

根据上述设定的总体目标，本书研究的具体目标可以表述为：（1）在充分借鉴国内外产权制度影响分析理论与方法研究的基础上，构建适合新一轮集体林地确权对农户林地流转和林业长期生产要素投入、短期生产要素投入影响的理论分析与实证研究框架。（2）在建立本书框架的基础上，选择适当的计量经济学模型及其结构，采用长期大样本农户数据，考虑到新一轮集体林地确权的时间长度等诸多因素，估计新一轮集体林地确权对农户林地流转和林业长期生产要素投入、短期生产要素投入的定量影响。（3）在规范与实证研究基础上，提出促进我国集体森林资源可持续经营的一些政策建议。

### 1.2.2　研究内容

根据上文设定的总体目标和具体目标，本书的研究内容涉及文献回顾、新一轮集体林权制度改革的内容与进展、新一轮集体林地确权对农户林业长期和短期劳动力以及资本等生产要素投入的影响，在实证研究的基础上，提出推进我国集体林可持续经营的一些政策建议。基于以上研究目标和研究内容，本书的结构安排如下：

第1章为导论。本章主要介绍本书的研究背景与研究意义，制定本书的研究目标与研究内容，绘制出技术路线图，对本书所采用的关键核心概念进行了界定，提出了本书的创新点。

第2章为文献回顾。本章对产权相关文献进行了梳理，并对土地产权安全性的定义和衡量指标进行了归纳总结，对产权与流转、产权与投资的影响机制进行了详细描述。

第3章为理论基础与研究方法。本章首先介绍文章使用的理论基础，详细介绍本书使用的数据，并针对数据特点及研究内容提出具体的研究方法。

第 4 章是新一轮集体林权制度改革及配套改革的内容与进展。本章首先重点阐述新一轮集体林权制度改革及其配套改革的内容、改革动因、本次主体改革——集体林地确权的现状以及配套改革的内容。然后，鉴于本书侧重研究新一轮集体林地确权对农户林地流转和长期、短期林业劳动力和资本投入的影响，本章将重点说明新一轮集体林地确权前后的农户林地流转和长期、短期林业劳动力和资本投入的现状与问题。

第 5 章研究新一轮集体林地确权对林地流转的影响。基于农户调研数据，本章首先对集体林地确权与林地流转关系的现状进行描述。然后建立计量经济模型，从流入和流出两个方面，考察农户的林地流转概率和林地流转面积，评估新一轮集体林权制度改革的林地确权政策对林地资源配置的影响。对不同林地经营规模的农户进行分别考察，并从动态角度检验集体林地确权对流转的影响。

第 6 章测度集体林地确权对农户林业长期劳动力与资本投入的影响。基于农户调研数据，将农户林业长期投入进一步细化为造林面积、造林投资、造林劳动力投入和抚育劳动力投入等四个方面，本章首先就农户层面的集体林地确权与林业长期投入关系的现状进行详细说明，然后建立计量经济模型，实证检验产权安全性与农户林业长期投入的关系。就本次改革前的集体林地权属状况对农户林业长期投入的影响进行分析，并且也对不同林地经营规模农户进行考察，从动态角度检验集体林地确权对农户林业长期投入的影响，同时探讨了在确权背景下农户对不同林种的长期投入差异。

第7章估计集体林地确权对农户林业短期劳动力与资本投入的影响。基于农户调研数据，本章将农户林业短期投入分为林业短期资本投入和林业劳动力投入，先分析集体林地确权与农户林业短期投入关系的现状，然后建立计量经济模型，实证检验集体林地确权对农户林业短期投入的影响。按照自然条件和林地经营状况将样本分为南方和北方，按照农户林地经营规模分为大、中、小三等，分别进行研究，试图找出影响农户林业短期投入的因素，并得出新一轮集体林地确权对农户林业短期投入的影响。

第8章为主要结论和政策建议。本章对全书的研究成果进行提炼汇总，并基于上述研究结论提出相关的政策建议，为今后完善集体林权制度改革提供政策参考。最后针对本书的研究不足，提出下一步的研究展望。

### 1.2.3 技术路线

鉴于本书重点侧重研究新一轮集体林地确权对农户林业生产要素的影响，首先根据研究背景提出要研究的问题，然后进行相关文献的阅读并进行归纳总结，并进行数据的搜集与整理。从整体上回顾了一下新一轮集体林权制度改革的进程、动因以及现状，然后分别描述了在新一轮改革背景下，农户的林地流转和林业投入的现状。建立合理的计量经济学模型，对农户的林地流转、林业长期投入和短期投入行为进行实证分析。最后根据所得到的经验性结果，提出相应的政策建议。本书的技术路线见图1-1。

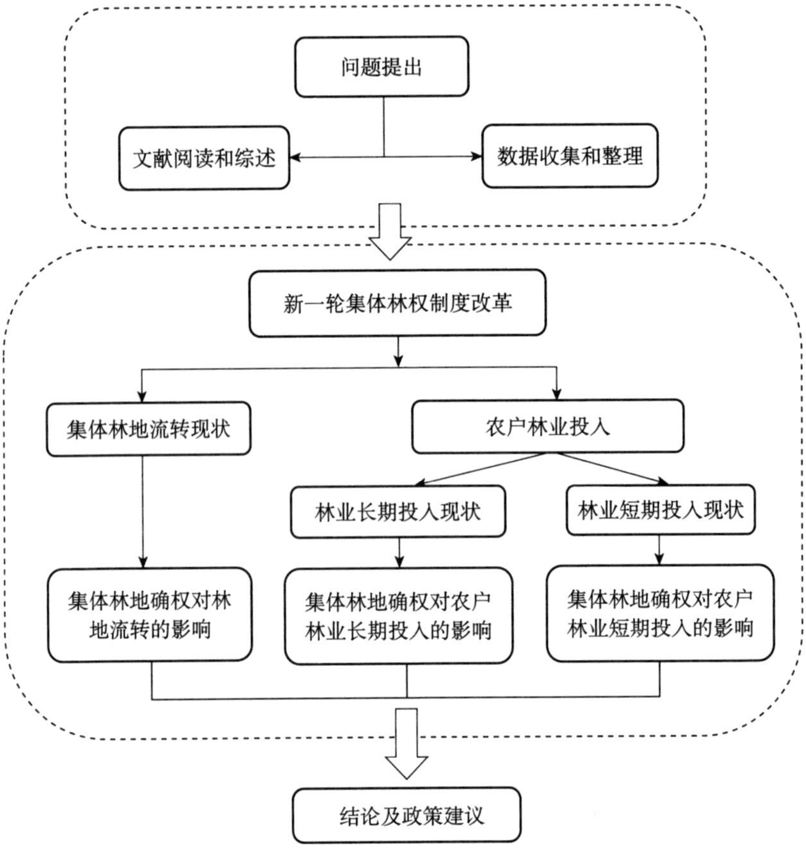
问题提出
文献阅读和综述
数据收集和整理
新一轮集体林权制度改革
集体林地流转现状
农户林业投入
林业长期投入现状
林业短期投入现状
集体林地确权对林地流转的影响
集体林地确权对农户林业长期投入的影响
集体林地确权对农户林业短期投入的影响
结论及政策建议

**图1-1 技术路线图**

# 1.3 概念界定

本节将对书中涉及的重要概念进行界定，避免对概念产生理解偏差。

## 1.3.1 林地

林地是森林的载体，是森林物质生产和生态服务的源泉，是森林资源资产的重要组成部分。根据《中华人民共和国土地管理法》和《全国土地分类》，林地是农用地的一种。《中华人民共和国森林法实施条例》中对林地是这样定义的，林地，包括郁闭度0.2以上的乔木林地以及竹林地、灌木林地、疏林地、采伐迹地、火烧迹地、未成林造林地、苗圃地和县级以上人民政府规划的宜林地。

林地按照土地权属类型划分，分为集体林和国有林。本书研究的是集体林地，也就是由集体所有的林地，并且符合《森林法实施条例》中所界定的特征的林地，中国的集体林地属于特定集体组织所有，每位集体组织成员均为集体林地所有者。

### 1.3.2 农户

农户是指以农业生产为业的人家，以血缘和婚姻关系为基础组成的农民家庭。农户既是独立的生产单位，又是独立的生活单位。我国改革开放后，在农村实行家庭联产承包责任制，实行集体经济组织统一经营和农户分散经营相结合的双层经营体制。集体经济组织为农户分散经营提供社会化服务，农户成为相对独立的基础性经营单位。本书选取的样本均为从事农业生产的农民家庭，有些文章称从事林业经营的为“林农”，而中国农民多为兼业经营，因此本书直接称为农户，而不再特别称呼“林农”。

### 1.3.3 集体林地产权

林地产权是一束权利，包括占有权、处置权、经营权、排他性权利及可转让权[32]。中国集体林地产权是在20世纪50年代土地改革基础上，经过初级社和高级社形成，并在人民公社体制下进一步强化的基础上形成的。集体林地基本上为合作社时期农户入社时形成的，虽然经过人民公社时期的平调等，但基本维持了合作化时期的土地范围，历史在形成某一特定经济组织中发挥了重要作用，具有明显的路径依赖性。改革开放40年以来，政府一直在探索适合集体林地产权的制度安排形式，集体林产权制度变迁是在林地集体所有者的前提下，把集体林地分配给农户，农户获得特定时期的林地承包权，每户农户即是林地所有者之一，也获得林地的承包权，随着政府不断延长集体林地承包期，并承诺到期可以续期和继承，因此，农户获得了集体林地的一个相当长时期的林地承包权。

### 1.3.4 集体林地确权

集体林地确权在新中国成立以来进行过两次，第一次是林业“三定”时期，提出稳定山林权属、划定自留山和确定林业生产责任制；第二次是新一轮集体林权制度改革，提出用5年左右的时间，完成明晰产权、承包到户的改革任务。中国集体林产权有别于一般意义上的合作经济和共有权属安排，原因在于政府的政治与经济多重干预，特定集体组织成员的自主权受到制约。本书中的集体林地确权特指第二次集体林地确权工作，这一次集体林地确权是在推行集体林地“三权”分置的背景下，农户保有集体林地的承包权，其他经营主体获得特定期限的经营权。广义上的集体林地确权包括确权到农户和确权到村集体，在本书中我们将集体林地确权定义为确权到农户，也就是只有农户拿到了林地产权证书，才算完成了集体林地确权。

### 1.3.5 集体林地流转

集体林地流转权是重要的集体林地产权束之一，是衡量产权安全性的指标[33-34]。集体林地林木权属流转是一束采取某些行动的权利，流转价格则取决于个人和组织被认为拥有哪些权利和业务，而这要由法律系统决定[35]。包括宪法、中国共产党党章以及其他意识形态等制定规则的规则决定集体林地林木是否可以流转和哪些权利束可以流转，决定了哪些权利是所有者只能使用的和哪些权利是可以交易的[36]。集体林地林木流转依赖于完备的森林资源产权法律体系，林地林木流转的日常制度受制于制定规则的规则[36]。

1998年颁布的《中华人民共和国森林法》规定，国家允许森林、林木、林地作为资产有偿转让，或者将其作价入股，作为合资合股的条件。随后颁布的《森林法实施细则》规定商品林可以进行流转，但生态林不可以进行流转。根据2008年《关于全面推进集体林权制度改革的意见》，进一步明确了集体林地可以进行流转，但流转期限不得超过承包期的剩余期限，流转后不得改变林地用途。已经承包到户或流转的集体林地，符合法律规定、承包或流转合同规范的，要予以维护；承包或流转合同不规范的，要予以完善；不符合法律规定的，要依法纠正。

本书中的林地流转均从农户的视角来出发，并且分为林地流入和林地流出两种行为。当农户进行林地流入时，是由农户与村集体、其他农户等经济组织签订流转合同；当农户流出林地时，是农户作为林地承包经营权人，以转包、出租、转让等方式，依法向其他农户、公司、村集体等其他经济组织转让林地承包经营权和林木所有权的行为。

### 1.3.6 林业长期和短期投入

林业投入是指农户、公司或企业等主体，在对林地进行生产经营的过程中，对林地进行资本和劳动力等生产要素的投入。本书根据林业投入回报时间的长短，将林业投入划分为林业长期投入和林业短期投入。

1. 林业长期投入

林业长期投入以扩大林地经营面积、提高林地产出为目的，投入的回报周期较长，主要包括经济林、竹林和用材林等的造林投入、中幼龄林抚育投入以及林区道路等基础设施建设等方面的投入。林业生产重要特征表现为生产周期长和自然力发挥着重要的作用、自然与政策风险以及不确定性高等。林业长期投入在于获得森林资源经营管理的长期社会经济与生态服务等方面的回报，具有经济回报期较长且具有较高风险与不确定性。由于在调研农户中，并没有涉及林区道路等基础设施建设或者大型林业生产机械设备等，因此在本书中林业长期投入将从造林面积、造林资本投入、造林劳动力投入和抚育劳动力投入等四个方面来考察。

2. 林业短期投入

林业短期投入是以提高林业生产绩效为目标，投入的回报周期短，主要包括对林地日常管护、“三防”（防火、防盗、病虫害防治）等基本生产投入。本书中林业短期投入主要包括两个方面：一是化肥、农药以及雇工等资本投入；二是施肥和护林等日常森林资源经营管理等方面的劳动力投入。林业短期投入具有经济回报较快的特点，如竹林垦复可以在第二年或第三年获得竹笋或在短期内增加竹材的产出；施肥等可以在短期内获得短周期速生丰产林的经济回报。与林业长期投入相比，林业短期投入的经济回报的风险与不确定性较低，林业短期投入与其回报具有较好的对应性，农户能够比较直观地感知到林业短期投入的效果。

## 1.4 本书的创新点

本书以新一轮集体林权制度改革为背景，以小农理性假说为切入点，建立了双重差分模型和内生转换模型，实证研究了新一轮集体林确权对农户林地流转、林业长期与短期投入的影响，具有较好的实践政策价值和学术意义。本研究的创新之处主要有以下几个方面：

1. 从产权安全的两个角度度量新一轮集体林地确权的政策效果

本书从法律产权安全和事实产权安全两个角度，分别选取“农户是否获得林权证”和“林地已确权时间”为其代理变量，在产权影响土地流转和土地投资机制的分析框架下，建立计量经济模型，深入剖析新一轮集体林地确权对农户生产要素投入行为——林地流转和林业投入行为的影响。并且从“林地已确权时间”这一产权的事实安全角度，能够度量产权对农户生产行为的动态长期影响，可以考察政策是否存在时滞性，这在国内集体林的研究中不多见。

2. 全面评估了新一轮集体林地确权对农户林业生产行为的影响

本书着眼于农户的林业生产行为，从林地流转和林业投入方面进行分析。林地流转可以实现林地的资源优化配置，为实现林业适度规模经营提供可能。虽然已有文献对林地流转进行研究，但是大多着眼于影响要素研究，而产权对流转的研究并不多见。在对林业投入研究中，按照投资回报周期，分为林业长期投入和短期投入，已有研究多将所有投入一起讨论，没有考虑到农户对这两类投资的偏好差异明显。

3. 检验了新一轮集体林地确权的阶梯效应和非洲效应

新一轮集体林地确权不是一次性完成的，而是大致以村为单位进行的，因此需要考虑到农户的生产行为是否与参与年度相关，进而呈现阿森菲尔特沉降；同时，各省份各村在新一轮集体林地确权前的产权状况是不一样的，这可能会影响确权对农户林业生产要素投入的政策效果，已有研究大多没有充分考虑到确权前的状况和参与年度的影响。

4. 用长期大样本面板数据进行分析

本书采用集体森林资源具有代表性的全国9省区的18个县、54个乡镇的1200个农户10年的长期跟踪多层次样本数据，在同类研究中不多见，本人多次参与实地调研，样本农户参与新一轮集体林确权的时间非同时并且具有较为丰富的空间分布，对案例县、乡镇和样本农户具有较为深刻理解，因此，能够很好地比较新一轮集体林确权对农户林地流转、林业长期与短期投资的影响。本书研究数据为大规模实地跟踪调研数据，数据可靠并具有全国意义上的代表性，这在林业领域尚不多见，对该领域的学术研究具有现实意义。

# 第 2 章

# 文献回顾

产权、土地产权或土地权属为经济学界、法学界和政策制定者高度关注的议题之一，古典经济学和制度经济学关注的研究焦点之一。Smith[37]等古典经济学更多地从规范的角度研究与分析产权问题。Berle 和 Mean[38]的《现代公司与私有产权》开启了从规范研究转向实证研究。产权实证研究具有代表性的成果包括 Coase[39]、Demsetz[40]和 Alchhian[41]。此后，包括产权的本质、产权演化、产权替代形式以及产权绩效等在内的产权经济学的实证研究成为主流。

第二次世界大战结束以后，土地改革成为新独立国家或地区政府重要的政策选择。1975 年的《世界银行土地改革政策报告》发表后，学术界对土地产权开展了大量研究，世界银行等国际组织和各国政府对土地权属有了新的深刻认识与理解，以不同的形式对土地进行确权和开展土地改革，农村土地权属成为“显学”，土地权属制度演化、选择及其绩效成为产权经济学的重要组成部分。包括集体林地在内的林地权属或产权属于产权经济学重要范畴，学界开展了大量实证与理论研究。我国人民公社化以后土地权属划分为集体所有和国有两种，土地交易采用行政性划转，因此，土地权属问题的研究简单化了。1978 年实施改革开放以来，中央政府对包括集体林地在内的农村土地政策变迁的主线有两条：其一，通过稳定和强化农户土地承包经营权，使农民形成较为稳定的收益预期，激励农户对包括集体林地在内的土地进行投资；其二，在稳定农户承包经营权的基础上，鼓励和激活农地承包经营权的市场流转[42]。然而，包括集体林地在内的农村土地确权一直在实施，也就是说农村土地确权尚有很多工作需要做；同时集体林地市场流转发生率偏低[43]，根据国家林业和草原局“集体林权制度监测”项目组[12]的监测报告：截至到2016年年底，70个监测县的农户流转林地面积占林地总面积的12.44%。

本章将从产权制度、土地产权制度、林地产权制度、林地权属分权和集体林权制度改革、土地确权对土地流转和劳动力、资本等投入影响等方面，开展文献回顾。在文献回顾的基础上，进行文献评述，为本书研究提供相应的研究基础，确定本书研究的理论与方法以及相应研究内容。

## 2.1 产权制度

Marshall[44]认为产权与社会取得坚实发展密不可分。Scully[45]、Keefer和Knack[46]延续了Marshall传统，认为产权是经济增长不可分的前提条件。Coase[39]发表其里程碑的论文以来，产权成为经济学的焦点[40,47-48]，并与企业理论和机制设计等诸多理论相融合，形成了新制度经济学[49]；产权方法使微观经济学理论一般化[50]。

对于产权而言，学界有不同的界定。产权就是禁止他人选择违背我的意愿使用某种资源[41]；产权是个体使用稀缺资源的权利，这些权利不仅得到正式法律制度的承认和执行，而且还要得到社会风俗习惯的承认和执行[40]；或者说，产权是使用许可范围内的资源的权威指定[41]。Bromley[51]认为产权是在国家的协助下，使个人获得内在权力和控制收益的权利。Böhm-Bawerk[52]认为产权本质为产权束；在 Commons[53]的研究基础上，Ostrom[32]、Ostrom 和 Hess[54]把土地权属定位为一束权利，即进入、使用、管理、排他和转让等权利，所有权包括上述所有权利[55]，与 Mises[56]理解的产权是可分割的，有异曲同工的作用。

产权制度是经济制度的基础与前提，产权的清晰界定和自由转让，以及制度的完善，可以降低交易成本，提高经济效率[39,47,57]。后续研究包括当交易成本不为零时[58]，产权形式与交易成本之间的关系[59]；若产权不清晰，则会导致过量采伐资源，如共有资源权属[50,60-61]；Alchian[62]对因产权不存在或模糊的产权导致的产权弱化，和产权分属不同主体的产权分化进行了研究。在现代社会经济体系中，Bingham[63]认为在各方权利与义务不确定的国家，没有任何人选择开展商业活动，包括投入大量金钱，这就需要法律尽最大可能地使权利明晰并具有可预测性。不论规则是通过何种方式建立起来，规则应当确定[64]；可预测性是法律规则的本性[65]，产权制度更需要明晰和具有较好的可预测性。

## 2.2 土地产权制度

土地产权是一束权利，包括占有权、处置权、经营权、排他性权利及可转让权。已有对土地产权制度的研究已近成熟。有研究认为，土地产权的明晰会有效促进农户对土地的长期投资[33]，并且为土地流转和土地抵押贷款提供了支持。土地产权的获得能够优化农户的土地资源配置，扩大土地的交易范围[66]。这些结论的前提是资本市场是完全竞争的，但是如果这一假设不成立，那么产权对投资的影响可能会产生变化[67]。也有研究认为，土地产权对农户投资行为没有显著影响[68]，影响农户对土地投资行为的是收益而不是土地产权形式[4,69]。

已有研究对土地产权问题展开了激烈的讨论，其中土地产权安全性是学者们研究的焦点。对土地产权安全性的定义主要从以下几个方面展开：一是土地产权的感知安全[70-73]；二是土地产权的不确定性[74-77]；三是土地产权被征收的概率[33,78]；四是土地产权的期限（包括预期被收回的时间、产权期限延长的概率及未来土地调整的可能性等）[79-81]等。用来描述土地产权安全的指标主要有：一是土地产权证的颁发[70]；二是土地转让的权利[34,82]；三是产权的持有时间[82-83]；四是产权政策稳定性[71,84]；五是政府机构健全的概率[85]；六是土地纠纷[86]等。经过归纳总结，土地产权安全可分为三类，即感知产权安全、法律产权安全和事实产权安全，其各自采用何种衡量指标见表 2 - 1。

**表 2 - 1　　衡量产权安全的指标和定义**

| 土地产权安全的类型 | 衡量土地产权安全的指标 |
|---|---|
| 感知产权安全 | 对产权安全的主观感受；续订合同的概率；政策稳定性；土地产权纠纷；产权被收回的概率 |
| 法律产权安全 | 合同中断和保留同一地块的可能性；依法进行土地产权登记的能力；土地产权证书；失去部分或全部土地产权的概率 |
| 事实产权安全 | 产权获取方式；不同产权类型土地的比例；土地产权类型；产权期限延长的概率；产权的持有时间；土地调整 |

## 2.3 林地产权制度

对林地产权制度，学界已开展了大量研究。Larson 等[87]认为：林地权属决定谁可以在什么条件下、以何种方式使用何种资源以及谁有林地流转权利。联合国粮农组织[20]把林地权属定义为规范人们行为的制度，界定一个社会中的林地如何进行分配，界定使用、控制和交换土地的渠道和相应责任及权利，简而言之，林地权属定义了谁可以多长时间和在什么条件下使用什么资源。集体林产权与国际上谈及的包括印度的联合森林管理、尼泊尔的基于社区的森林管理、墨西哥社会林业、尼日尔和坦桑尼亚的改善农村林木权属分权、巴西的促进土著居民和当地人从事森林资源经营的行动等社会林业和社区林业有差异。社会林业和社区林业的林地所有权为国有，当地社区获得一定时期的使用权并按照一定比例与国家（联邦或州（省））分享收益；越南新近的林改是把国有林分配给每家每户在特定时期经营管理。而集体林地和其他土地属于特定集体经济组织特有，为其共有产权，只有有关人员获得成员资格，才能就会拥有共有产权，具有俱乐部产品的性质[88]。

参与森林资源经营管理的各利益相关者高度关注林地产权安全性，林地产权安全状况为森林资源所有者、使用者和管理者提供了激励，影响其森林资源经营管理的决策。有研究认为，林地产权会影响到林业经营的所有方面[89]。林地产权的明晰能够提高森林经营的有效性[33,71,90-91]，降低林地交易成本，进而对投资产生促进作用，并最终实现经济的增长[92-93]。林地权属安全使得经营主体的权利能够得到其他人的认可，在林地权属面临挑战时，可以采取相应措施对产权进行保护；政府在林地权属安全性保护中发挥重要作用[94-98]。不安全的林地产权会影响国家对林业的整体投资[84]，还可能会造成毁林。同时，林地的产权形式还可能会影响到林地的生产力[99]。也有研究认为，共有产权会比私人产权更有利于对资源退化的防治[100]。

对林地权属安全性衡量的指标也有多种，如林地使用权、林地产权的合同期限、是否颁发林地产权证等。在中国集体林权制度研究中，Yi 等[28]利用 8 省区 2000 年和 2005—2006 年 3180 个样本农户数据，在考虑到林业投资与土地权属内生性的情况下，研究结论显示：林地权属安全程度影响到对林地的投资，发放林权证增强了林地权属安全性。Holden 等[26]评价了新一轮集体产权制度中影响集体林地分配的因素，并认为林权证增强了农户林地权属的安全感，造林面积有所增加。

## 2.4 林地权属分权化

20世纪80年代后期，各国的林地开始出现分权经营的趋势，约两亿公顷的林地转交给社区来经营[101]。有些国家对国有林的控制逐渐放松，将部分国有林交给私人或集体经营[102]，国有林私有化经营的面积在逐渐增加[103]。一些发展中国家正在经历经济转型，其林地产权也在逐渐转型[87,104]，虽然其林地权属转型比较缓慢且不均衡，但其变化已可计量[103,105]。林业权力下放和分权的主要目的在于提高林业经营收入和降低成本，逐步建立私人产权[106]。分权化常被视为地方社区可持续经营森林资源的一种重要激励，但同时担心由于没有真正赋权给当地人，非集权化可能被当地精英人士所控制，最终依然导致无效率[107]。

由于特定产权和收益的程度存在差异，其结果在不同的管辖范围内并不一致[108]，通过强化社区产权，改善了森林资源管理和当地人的生计[109]，一些国家认为强化社区产权可以带来包括消除贫困、逆转环境损失和带动当地经济增长等多重效益[110-112]；但由于一些发展中国家缺少产权保护和确权的能力等，农户缺少行使产权的能力[113]。在森林资源管理分权过程中，出现了未能有效改善当地人的生计[114-115]和不能有效提升森林资源管理水平的现象[116]。森林资源经营管理权力下放和分权将持续下去，其成功取决于当地人认识到其目标而采取集体行动[117]和强调结构性不平等的政策[118]。一般情况下，林地林木权属植根于复杂的社会经济与政策背景之中[119-120]，因此，产权仅是影响从森林资源经营管理中获得收益的因素之一，其他因素还包括市场、技术等[121]。

由于集体经济组织为熟人社会，在维持共有产权中，风俗、习惯、文化与个人魅力等非正式制度发挥着重要作用，因此，特定集体经济组织的成员要遵循这些非正式制度，否则将会受到排斥；与此同时，从政治与经济等多个角度，政府对集体组织进行干预，政府在履行保护产权安全和界定、仲裁等职责的情况下，也直接干预集体林产权安排与变迁，政府干预集体林的排他性、收益权和转让权，这在人民公社体制下反映尤为明显。简单分权的产权制度安排往往是失败的[122-123]，推及我国集体林产权制度，简单地把集体林地的承包权交付给农户家庭经营难以有效地解决集体林可持续经营管理的难题与困局，需要相关的配套改革与监测措施。

## 2.5 林地产权对林地流转的影响

产权安全、信贷市场和投资的关系在新古典经济学理论中有很好的解释[33]。可以通过提高产权安全、促进使用土地作为抵押品以及交易效应的收益来增加投资[33,124]。

土地产权的可转让性，可以使产权人自由交易土地，优化土地资源的配置。有研究认为，决定农户对土地行为的最重要的因素在于，能否在需要的时候把土地转让出去并且不受限制[125]。现有土地流转文献，大多着眼于影响土地流转的因素研究。有研究认为，非农就业率增加会促进农地流转[126]，农民从事非农行业有利于增加土地流转，自由的非农劳动力市场为农户提供了农地流转的契机[127]。也有研究认为，农户兼业会导致农地流转市场供给不足，进而对农地流转产生不利影响[128]；相反的结论也有研究得出，廖洪乐[129]利用 Logit 模型和多元线性回归模型，认为农户兼业经营并不一定妨碍农地流转，某些地方的农地流出受行政干预。另外，农地流转有一定的交易费用，若村干部对农地流转进行干预，均会增加农户行为的成本[130]。土地流转不仅可以形成土地规模经营，也能提高土地经营效率，影响土地流转的因素有很多，政府一直在努力规范和放活土地流转[131]。

成本是由制度界定的[36]，相应地，集体林的收益也是由制度界定的。集体林地林木是否发生流转取决于流转后能否获得交易收益。由于交易赖以发生的制度背景会影响对生产的激励和交易成本，因此，对经济学家而言，如果没有具体说明有关的制度背景就来讨论交换过程，那么就没有意义了。我们必须在真实世界的背景下来研究合约的缔结过程[132]。我们在分析集体林地林木流转时，需要结合新一轮集体林权制度改革的背景加以分析，集体林地流转是否会发生取决于交易成本，若交易成本为零，林地权利将通过市场进行重新配置，初始权利分配不会影响森林资源的使用效率，实现其价值最大化[133]；且若不存在对交易的法律妨碍，则所有资源错配都会通过交易得以完全校正；若交易成本为正，则只有在重新分配权利所增加的产出价值大于这种分配所带来的成本时，才会出现重新分配[39]；若存在交易成本，会对集体林地林木流转产生额外约束，产生非价格资源配置；若交易成本高昂，则会出现所谓“法律粘蝇效应”[134]。调整法律和林业相关政策影响交易成本，进而影响集体林地流转成功的可能性。国家与市场之间的必要联结称之为“法律—经济联系”[135]，国家和市场共同决定集体林产权流转的可能性和绩效。

## 2.6 林地产权对林业劳动力与资本的影响

长期以来，人们一直认为，拥有安全和容易转让的土地产权是提高投资的关键因素，有助于重新分配生产要素，以最大限度地提高资源使用的配置效率，并使经济多样化和增长[33,82]。在产权不安全的地方，失去土地的风险将阻碍投资，即使从这类投资获得的生产收益现值（在完全产权下）会高于成本。学者们已经对产权与投资进行了大量研究，多数研究的是单一国家的问题，讨论发达国家的产权和投资的文章较少，对于发展中国家的研究有很多。已有文献认为，安全的土地产权通过保障效应、交易效应和信贷效应对土地投资产生影响[82]。

第一，保障效应。当农民感觉他们产权更安全或能够长期拥有土地的时候，对林地长期性改进和保护性措施获得的收益会更高，因此，农民有更大地积极性进行投资。这叫做“保障效应”。安全的土地产权可以为投资者提供保证，保证其成果不被政府、其他机构或个人侵占，从而促进其放心投资[136]。如果林地产权在漫长的生产周期内不稳定，那么就不能调动农户对林地投资的积极性。因此，安全的林地产权能够激发农户的林业生产积极性，增加林业投资并且扩展生产可能性边界。已有文献研究产权对投资的保障效应，一般直接用农户是否拥有产权证书或承包经营合同书来衡量确权，然后研究其对投资的影响。

多数研究认为，在保障效应下，林地产权会对投资产生显著正向影响，但研究结论并不一致。在亚洲和拉丁美洲土地产权证对投资均产生了显著影响[137-138]，如对巴西、越南、泰国[70]、中国[76]，他们的研究认为，有正式的土地确权文件的农户，其对土地的投资明显高于对比农户；而对非洲的研究则发现这种影响是不确定的，如在对肯尼亚[139]、乌干达等国的研究中发现，当控制其他因素后土地产权证书对梯田改进、围栏建造以及连续施肥护根等土地长期投资没有显著影响。Holden 和 Yohannes[140]发现没有证据表明，产权安全对埃塞俄比亚南部的造林投资有负向影响，鉴于贫困对这些投资产生了严重的负面影响。因此，产权安全既非投资的必要条件，也非充分条件。

第二，交易效应。当土地更容易通过出售转换成流动资产的时候，通过投资对土地进行改进会更好实现，由此增加期望收益，强化投资激励[33]。这叫做“交易效应”。稳定的地权能够提高土地及附着其上的投资的交易价值，从而提高农户投资土地的积极性[141-142]。产权可以促进土地市场的发展，让土地重新分配到效率高的生产者手中，达到帕累托效率改进，优化土地资源配置，提高土地投资水平[143]。对林地进行确权登记，给农户发放林权证，农户获得土地流转交易的权利。农户可以根据市场状况，流入或流出集体林地经营权，不必非等到一个生产周期的结束，一方面这减少了农户的经营风险；另一方面林地可以流转到更有能力经营的人手中，达到促进林业经营的目的。

第三，信贷效应。农民更愿意投资的原因在于：当农民获得产权以后，土地获得了抵押价值，获得信贷变得更容易。这叫做“信贷效应”。Feder 和 Feeny[66]比较了有正式土地证书的农民和棚户区没有这类文件的农民的投资行为，认为产权对投资的影响来源于土地证书增加了农民获得正式信贷的途径，而不是消除了农民土地产权的实际风险。而通过 Pender 和 Kerr 对印度一个州（Andra-Pradesh）的研究认为，通过可转让性衡量土地产权状况时，对投资和信贷没有影响，大概是因为在调查区域正式的信贷资源是稀缺的。通过对贴现率和资本回报率的研究，发现贫穷的农户面临资本市场约束[144]。因此，在正式信贷不存在的地方，产权证没有产生多大改变。

自改革开放以来中国集体林地产权经历了数次变迁，频繁的土地调整被认为是影响林地产权安全性的主要因素。农民对未来拥有林地及附着其上的林木信心不足，因此在林业“三定”时期，林地经营权下放给农户以后，出现了一定程度的乱砍滥伐。然而随着林权证的颁发，林地使用权期限的延长，农户的林地产权安全性显著提高，林业经营积极性也显著提高，可见，中国林地产权安全性可以通过“保障效应”促进农户的林业投资行为。中国集体林地流转率不高，随着新一轮集体林地确权的推进，林地流转作为配套改革也在稳步推进，以期实现林地资源优化配置，林地产权是否可以通过“交易效应”影响农户林业投入需要验证。在中国土地产权不安全限制了农地成为抵押品，导致的信贷不足成为农业生产投资不足的主要原因[136]。林权抵押贷款尚处在起步阶段，林地抵押评估所需技术及费用较高，因此林权抵押贷款额度普遍较低，在调研农户中所占比例极低。因此，中国林地产权安全能否通过“信贷效应”促进农户的投资行为也需要进一步研究。

关于中国新一轮集体林权改革与农户林业投入已有少量研究。孙妍和徐晋涛[145]用最先开始新一轮集体林权改革的福建省和江西省的 900 个样本农户数据，研究了集体林产权变化（从产权稳定性、交易权和抵押权三项交叉因子）对农户林业生产投入的影响，结果发现农户更愿意对拥有稳定产权的林地进行经营，但投入规模并不显著不同于其他弱产权地块，而交易权对农户的林业经营行为没有显著影响。Li 则以江西省遂川县和丰城市为例，分析不同产权类型（包括联户经营、公司制经营、私人经营、集体—私人经营）对农户林业投资的影响，结果发现，产权类型对大规模林业项目中农户的劳动力和资本投入有不同影响。

## 2.7 林业长期投入与确权的内生性

投资与土地权属安全之间存在双向的因果关系[33,78,86]，也被称之为Locke效应，对于谁造谁有或非正式渠道获得集体林地的农户或其他经营主体，为增加这些临时脆弱或非正式林地林木权属的安全性，他们会迅速造林以保障土地权属安全[33,146]。有证据表明，投资可能是为了提高产权的安全性，而不是作为对更高级别的产权安全的回应[33,74]，与土地相关的投资似乎承担的主要是为了提高产权安全性而不是作为一个更安全的权利的后果[82]。拉丁美洲[147]和亚洲[124]的土地所有权有很大的投资效应。而在非洲，家庭通过边界标记、种植树木和树篱、对房屋或棚屋的建造进行投资，其主要目的是建立更为安全的土地产权[78]。针对已有研究，土地权属安全在对投资产生影响的同时，又可能需要投资维持土地权属的安全，对于获得临时或脆弱土地产权的农户而言，为保障土地权属的安全，他们造林或修建梯田进行投资。因此，若不考虑投入增强林地权属安全性的话，则会影响到新一轮集体林地确权对农户长期投入影响的估计结果。

## 2.8　文献评述

本章主要从产权制度、林地产权制度、土地产权对土地流转与土地投资的影响、产权安全的影响等方面，对现有文献进行了回顾和梳理。学界就一般意义产权、土地权属、林地权属及其影响已经开展了丰富有益的实证研究，为本书的研究提供了良好借鉴与支撑。但根据对已有文献的分析，在集体林确权对林业生产要素投入的影响研究方面尚存在需要改进的学术空间。

第一，在产权安全性方面。对产权安全性的定义不同学者从不同角度有不同的看法，产权对林地流转、林地投资和森林采伐的影响，并没有一致的结论。这可能是由于对产权安全性的定义以及衡量标准不同导致，也与林地生产周期长和林地的资源禀赋效应的特殊性相关。

第二，在样本数据方面。已有研究多采用短期小样本或小样本实验经济学的方法，尚未反映新一轮集体林地确权对农户林业长期投入的动态影响。这在研究林地流转、林业投入及林业经营收入时只能探讨短期或小区域的效应，不能反映长期和全国的情况。

第三，在林地流转方面。已有一些关于林地流转的研究，但鲜有研究新一轮集体林地确权对林地流转的政策效果，已有有关林地流转研究几乎均采用短期小样本，不利于反映林地流转长期趋势。

第四，在林业投入方面。已有研究未区分劳动力和资本投入，把劳动力折算成为现金，加总到资本投入中。这样处理未能体现劳动力与资本投入的完全可替代性。利用本书所使用的 2003 年和 2007—2015 年数据库，Liu 等[143,148,149]测度了新一轮集体林产权制度主体改革及配套改革对农户林业生产要素投入的影响，但未区分农户短期与长期投入，农户长期投入与短期投入偏好差异明显。

本书从法律产权安全和事实产权安全两个角度衡量林地产权的安全性。选取“农户是否获得林权证”衡量产权的法律安全性，选择“林地已确权时间”衡量产权的事实安全性，基于产权会影响林地交易，产权又可能通过“保障效应”和“交易效应”影响农户林业投入，对集体林地产权对农户林业经营行为的短期和长期效果进行评估。

# 第3章

# 理论基础与研究方法

在第 2 章文献回顾的基础上，鉴于已有研究有需要改进的学术空间，需要较好的研究理论基础作为分析新一轮集体林地确权对农户生产要素投入的影响；采用什么样的数据搜集和数据处理方法满足本书研究的目标与要求。本章主要确立本项研究的理论基础、研究思路、研究方法和数据收集方法，为后续实证研究提供经济理论与方法论等方面的学术支撑。

## 3.1　理论基础

本书研究新一轮集体林地确权对农户林地流转、林业产期与短期劳动力和资本投入的影响，行为主体或研究对象为农户，影响因素为新一轮集体林地确权，主要涉及产权制度和农户生产行为两个方面的理论。与欧美和日本国家的小林主相比，我国集体林区的农户属于比他们更小的小农户，因此，本书的研究理论涉及小农是否理性的相关理论。本章将侧重阐述小农理论和产权与产权变迁理论，根据本书的第 2 章对农户行为和产权、产权变迁以及土地产权（权属）、林地产权（权属）及其对包括农户在内的经营主体的生产要素投入行为影响的研究进展已进行的较为系统的回顾与分析，在本章理论基础分析中，将对这一部分进行归纳总结。

### 3.1.1 产权与产权变迁理论

经济学是研究人们在资源稀缺的条件下如何做出选择的问题，个人主义方法论的前提假设为人们是理性的，所谓理性就是假设人们具有稳定的偏好和实现效用或利润最大化，由于资源有限性的制约，人们需要对其选择的成本和收益赋予不同权重；这并不表明人们不会犯错误，由于人们获得信息的有限性，人们不可能在完全信息的条件下做出对资源选择的决策。在产权制度演化和资源确权过程中，鉴于资源的稀缺性，只要产权确权或产权制度演化成本低于其收益，那么对资源进行确权和实现产权制度变迁就是理性的[59]。Trosper[150]认为理性算计不适用于发展中国家和发达国家中的土著居民，但 Anderson 和 Lueck[151]认为发展中国家和发达国家中的土著居民理性算计只是内容和形式不同而已，不过同样是理性。

资源稀缺必然导致竞争，人们投入精力和时间获得属于自己的资源数量，不同产权形式有不同的手段与方式，带来不同的结果或后果，如开放权属带来资源破坏，组织良好的共有权属带来良好的资源保护效果[152]。不同法律或政策条件决定了人们对稀缺资源的付出的成本或获取的收益存在差异[36]，不同产权制度安排决定了人们是合作还是冲突，甚至出现 Hobbe 丛林效应。如果稀缺资源出于冲突背景下的话，那么人们更愿意采取强取豪夺[153]，进而导致人们将不愿意对稀缺资源进行确保并投入人力物力保持产权安全性[154]。不安全的包括土地权属在内的产权降低人们的保护产权和投入的激励。安全土地权属流转可以获得流转潜在收益[33]。正如第 2 章的文献所述，安全的产权或土地权属会激励理性经营主体增加投入，实现其利润或效用最大化。

### 3.1.2　小农理论

发展历史过程来看，家庭经营一直占据重要地位。新一轮集体林确权就是进一步强化 20 世纪 80 年代林业“三定”时期集体林产权的家庭经营实现形式，农户成为集体林地经营管理决策的主体，如是否进行集体林地流转和增加其经营林地上的劳动力和生产费用投入等重要林业生产决策。农户的林地、劳动力和资本为稀缺性资源，投入到林地经营管理中存在机会成本。学界对农户行为是否理性存在激烈争论。

一些经济学家认为农户不符合经济理性人假设，其决策为非理性的，如 Chayanov 提出：以小农经济模型为核心的生存小农理论，利润最大化的假设不能解释小农经济行为，小农以劳动力和资本自给供给和以自给性消费为主。在市场不完善的情况下，小农户以自给性消费为主，难以建立在成本与效益权衡消费的基础上。Scott 提出了农民道义经济学的观点，农户生产基于道义和低风险，而非基于利润最大化的理性经济人假设，这与 Lewis 的农村地区存在劳动力的边际报酬为零或负的现象吻合。

一些经济学家认为小农是理性的，如 Schultz 认为小农是理性的，提出了“贫困而有效率”的假设；Popkin[155]认为小农是理性的，其决策符合以个人或家庭福利最大化目标的假说，改造传统农业的措施包括农村土地产权制度变迁和增加劳动力与资本投入是合理有效的；Becker 提出了家庭经济行为模型，作为理性人农户的行为受生产函数、收入和时间的约束，通过数学分析，农户可以在生产函数的约束下选择最优生产。黄宗智[156]提出了农村劳动力过密化的概念，由于小农不能解雇多余劳动力而使小农的劳动力投入过密，其描述为当时中国 20 世纪 30 年代的农村情形；通过对 20 世纪 30—70 年代农业的研究，黄宗智提出了“商品小农理论”，农民的行为同时受市场经济和农户劳动结构的制约，农民的阶层地位低，对其经济行为也有影响。

新一轮集体林产权制度启动的背景存在明显不同，非农就业成为样本农户劳动力投入的主要选择。Simon 提出有限理性的概念，介于完全理性和非理性原则之间的第三种观点。最优决策原则不是人类在决策时遵循的原则，而“满意”原则才是人们决策时所采用的原则，寻求“满意解”或通过引入有限理性和满意等概念，对完全理性决策理论进行修正[157]。农户决策并非基于最优解，而是基于满意的、可接受的替代方案[158]，采用低成本的经验探索法（heuristic）和心理启发（或心理捷径）快思维进行策略选择[159,160]，或模仿有成功的历史记录采取行动；或采用渐进或边际性的实验方式，以减少不确定性、冲突和复杂性[161]。通过多种形式获取多种信息，农户行为趋于理性化，因此，本书采取理性农户的假设。

欧美国家的非工业私有林（Non-industrial Private Forest，NIPF）与我国集体林经营类似，均是小规模林业经营，开展集体林产权制度演化及绩效研究具有借鉴意义。已有对非工业私有林主行为的研究假设为理性经济人。已有研究采用效用最大化[162-164]或者利润最大化，采用效用最大化难以计量非市场价值；利润最大化理论虽然反映面比较窄，但从利润函数可得影子价格，可评估非市场价值[165-166]；持效用最大化者比持利润最大化者采伐更少和造林投资更大[167]。

### 3.1.3　理论框架

1. 农户的利润最大化

根据林地净现值最大化，Faustmann[168]引入了简单明了的完全竞争决定模型。Samuelson[169]开辟了研究和思考最优轮伐期问题的新领域，在此文献的基础上，考虑到森林资源的非市场价值，Hartman[170]提出了根据最大净现值法确定最佳木材轮伐期。考虑到我国集体林区的农户为兼业性经营。为了叙述的简便，把农户生产简化为非农生产、农业产出和林业产出。根据我国目前社会经济发展阶段，农户的生产目标基本上为利润最大化，由于林业生产周期较长，因此，我们采用农户的利润最大化按照林业周期进行计算，即：

$$Max\pi_t = \left[ \sum_{i=1}^{3} p_{ijt} f(PF_{ijt}) - \sum_{i}^{3} \sum_{j}^{3} P_{ijt} PF_{ijt} \right] e^{-rt} \qquad (3-1)$$

$$\sum_{j=1}^{3} PF_{ijt} \leqslant PF_{it} + G_{it} + C_{jt} \qquad (3-2)$$

$$PF_{it}, p_{ijt}, P_{ijt}, PF_{ijt}, G_{it}, C_{it} \geqslant 0 \qquad (3-3)$$

式中：$PF_{it}$为 t 年第 i 种生产要素量，$p_{ijt}$为第 j 产业的第 i 种产出价格，$P_{ijt}$是投入到第 j 产业的第 i 种生产要素价格，$G_{it}$是政府给予的第 i 种生产要素量，$C_{it}$为农户通过借贷得到的第 i 种生产要素量；r 为贴现率。

Alig 等[171]和 Beach 等[172]对研究美国小林主行为的文献进行了回顾，

多数研究从市场、政策、林主特征和资源状况等4类因素研究小林主经营行为。因此，不失一般性，作为理性农户会对集体林产权改革、相关林业政策、其他部门政策和市场因素等作为反映，对$PF_{ijt}$的投入的相应函数可以表述为（对于农业和非农产业而言，需要对农户反映的因素进行调整，从经济学理论上看，研究路径是一致的）：

$$PF_{ijt} = g_{ijt}(PR_t, MA_t, FP_t, MD_t, HC_t, OP_t, PL_t, BF_t) \quad (3-4)$$

2. 土地产权影响投资的三种效应

假设一个农户决定在t期对林地投入（包括劳动力和资本）$k_t$，在t+1期的投入回报为$V(k_t, R_{t+1})$（t+1期的产权记为$R_{t+1}$）。假设$V(\cdot,\cdot)$为增函数，并在$k_t$处是凹的。投资成本记为$C(k_t, R_{t+1})$，并假定随$k_t$增加而增加，不随$R_{t+1}$增加。最优投资选择满足：

$$\max_{kt}\{W(k_t, R_{t+1})\} \equiv V(k_t, R_{t+1}) - C(k_t, R_{t+1}) \quad (3-5)$$

由此可推出：

$$\frac{\partial k_t}{\partial R_{t+1}} = -\frac{W_{12}(k_t, R_{t+1})}{W_{11}(k_t, R_{t+1})} \quad (3-6)$$

由于在最大值处$W_{11}<0$，因此如果$W_{12}>0$，投资会随产权增强而增加。

第一，保障效应。产权安全性的提高使得农户认为能够长期地拥有土地，那么在此时，农户将会有更大地积极性对土地长期性改进，并且这种保护性措施的收益会更高，产权通过这种“保障效应”对农户的投资产生影响。

这种情况下对产权不安全进行了建模，产权就像随机征收土地税一样。就林地权属安全而言，我们借鉴Mendelsohn[91]提出的林业经营者失去林地经营权的模型，假设失去林地经营权的概率为 $\lambda$，则在 t+1 年失去林地权属的概率为 $(1-\lambda)^{t+1}$。令 $\delta = -\ln(1-\lambda)$，则在 t+1 年失去林地权属的概率为 $e^{-\delta t}$；则 t+1 年投资的预期回报为 $V(k_t, R_{t+1}) = [1-\lambda(R_{t+1})]F(k_t)$，其中投资实物回报为 $F(k_t)$，假定农民在土地征用后不保留任何收益。计算起来很简单：

$$V_{12} = -\lambda(R_{t+1})F'(k_t) > 0 \tag{3-7}$$

且假设成本独立于 $R_{t+1}$，则 $W_{12} > 0$。

第二，信贷效应。由于农户对土地投资的边际回报等同于利率，如果土地更容易抵押，那么银行在贷款给农户时将会收取更低的利率，因此这将增加农户对土地的投资。假定每笔贷款都是抵押贷款，在违约的情况下，农户的土地将被银行扣押，那么如果农户拥有更好的转让权，那么没收土地的成本就会更低。其中关键的假设是，更安全的土地产权降低了丧失抵押品赎回权的成本，而土地权利的改善降低了均衡利率，并且由于利率等于投资于土地的边际生产力，因此这刺激了投资。

第三，交易效应。产权的明晰和安全性的提高，扩大了交易机会和利用交易收益的能力。当对土地进行出租或转让的时候，更优越的转让权被视为降低了交易成本。交易欲望是由随机的外部机会产生的，如从当前所有者那里购买或租用土地的提议。假设有两期，在第一期，土地所有者选择投资的多少；在第二期，有一个冲击影响了现在的所有者是否选择保留土地，并且这可能会影响到他在第一期的投资回报。这个冲击可能是健康冲击或者收入冲击，这可能使得土地所有者不能购买到足量的土地投入必需品，那么在这时他可以选择卖掉土地。假设交易成本取决于经营者的转让权，现在的土地所有者和潜在的经营者将讨价还价，以确定进行交易的价格。

假设投资回报是 $k$ 的线性函数，如果所有者继续使用土地，则其边际产出为 $\theta$。从第一期来看，其概率密度函数为 $f(\theta)$ 。外部对土地的估值价格为 ω，其概率密度函数为 $g(\omega)$ 。假设交易成本为 $\mu(R_{t+1})k_t$ ，并随着产权 $R_{t+1}$ 的增加而减少，也就是说更安全明晰的土地产权降低了交易成本。在完全信息的纳什均衡下，如果在第一期的投资是 $k$，土地的均衡价格表示为：

$$\max_p[p-(\mu+\theta)k](\omega k-p) \tag{3-8}$$

从 3 -8 式可以计算出，均衡价格为 $p^*=\frac{1}{2}[(\theta+\omega+\mu)k]$ 。因此，土地所有者出售土地的收益是 $\frac{1}{2}[(\theta+\omega-\mu)k]$ ，投资提高了土地的价值，因为更明晰安全的产权拓宽了市场范围，因此提高了均衡价格。如果权力为 R，则投资的预期收益为：

$$V(k_t,R_{t+1})=k_tE\left\{\max\left\{\frac{1}{2}[\theta+\omega-\mu(R_{t+1})],\theta\right\}\right\} \tag{3-9}$$

可以推出：

$$\frac{\partial^2V(k_t,R_{t+1})}{\partial k_t\partial R_{t+1}}=-\left\{\int_{\underline{\omega}}^{\bar{\omega}}F[\omega-\mu(R_{t+1})]g(\omega)d\omega\right\}\mu'(R_{t+1})>0 \tag{3-10}$$

当转让土地的成本降低时，如果买方的估价超过了土地所有者的估价，那么产权的改善就增加了土地交易的可能性。通过为土地获得更高的交易价格，土地所有者获得了投资土地的回报。

此外，研究产权制度的有效性需要避免泛泛而论，我们需要关注特定背景下的特点[173]。土地产权安全对投资的影响呈现出时空差异，时空差异主要取决于当地社会经济与森林资源背景[174]。前期土地权属制度安排对后期产权制度选择及其绩效有影响，非洲产权制度对土地生产力和收入的影响比亚洲和拉丁美洲的土地产权制度改革的效果要差一些，称之为非洲效应（African Effect）或称为已有土地权属制度的惯性效应，原因在于非洲习惯土地产权安全性比亚洲和拉丁美洲土地产权改革前的土地产权安全性要高一些，也可能与非洲农户财富和收入水平要低一些有关。Place、Roth 和 Hazell[175]认为产权是发展的必要条件而非充分条件，其收益是更为重要的充分条件，这与刘璨[176]提出的产权是必要条件，收益是充分条件的观点是吻合的。

# 3.2 研究方法

从集体林区小农理性的假设作为本书研究的切入点，集体林区的农户对新一轮集体林确权的新激励机制做出反应，根据对已有文献的梳理，农户对新一轮集体林确权做出正向激励，本书研究的基本假设新一轮集体林确权正向激励了农户林地流转、林业长期和短期劳动力和资本等投入。为了验证本书的基本假设，需要可靠样本数据和计量经济学等数据处理方法，因此，较为理想的样本数据收集和分析方法可以为有效地检验本书的基本假设提供良好的学术支撑。由于样本农户的林业投入生产行为不仅受到新一轮集体林确权的影响；而且受到新一轮集体林权制度改革的配套改革措施、农户和村庄状况等控制变量的影响。鉴于此，本研究搜集的数据不仅包括样本农户的数据，还包括村、乡镇、县等方面的一手数据，同时利用国家和地方统计数据等。数据处理主要采用影响分析研究方法并将研究方法专门化。

## 3.2.1 数据

1. 数据来源

本书所使用国家林业局经济发展研究中心的“中国集体林权制度改

革相关政策问题研究”研究团队的多层次长期大样本数据库，包括农户、村、乡镇和县等多层次样本，包括9个省区、18个县、54个乡镇、162个行政村和2430户的10年（2003年和2007—2015年）长期跟踪观察数据。

根据中国新一轮集体林权制度改革及其配套改革的进展情况、森林资源状况、社会经济发展和农户收入等，国家林业局经济发展研究中心的“中国集体林权制度改革相关政策问题研究”研究团队采用了随机分层抽样方法。首先选择案例省区，每个省区选择2个案例县；每个案例县选择3个乡镇、每个乡镇选择3个行政村，每个村随机选择15个样本农户，开展长期跟踪调研。

国家林业局经济发展研究中心的“中国集体林权制度改革相关政策问题研究”研究团队选取了山东、河南、辽宁、四川、浙江、福建、湖南、江西、广西等9个省区，既包括东北地区的辽宁省，也包括西南地区的四川省；所选的案例省既包括了山东和河南等平原省区，也包括了浙江等5个南方集体林区省区。所有这些省区的集体林状况（如集体有林地面积、集体活立木蓄积、集体林分面积和集体林分蓄积、集体人工林面积和蓄积）从第六次全国森林资源调查（1998—2003）到第八次全国森林资源调查（2009—2013）逐渐改善（见表3-1）。除了四川省以外，我们调研的所有省区的集体林比例均高于50%。集体林拥有比例最高的3个省份分别为浙江、福建和江西等省。9个省区各个森林资源指标小计均占全国同类森林资源状况的比例在50%左右（见表3-1中的案例省区占全国总量的比例）。在第六次（1998—2003）、第七次（2004—2008）和第八次

(2009—2013) 全国森林资源调查结果中，本书研究所涉及的省区在商品材产量分别占全国总产量的 43.10%、48.99% 和 51.32%。从一定程度上讲，这些案例省区集体森林资源状况代表着全国集体森林资源状况（见表 3-1）。

在 9 个案例省区不是同时启动新一轮集体林权制度改革及其配套改革，具有时间梯度，在不同年度案例省区启动了新一轮集体林权制度改革，如福建省在 2003 年，江西省在 2004 年，辽宁省在 2005 年，浙江省、湖南省和四川省在 2007 年，河南省、山东省和广西壮族自治区在 2008 年实施新一轮集体林权制度改革。对于每个案例省区而言，每个案例省区的 2 个案例县几乎是在不同的年度启动新一轮集体林权制度改革。因此，国家林业局经济发展研究中心的“中国集体林权制度改革相关政策问题研究”研究团队选择的案例省区和县在全国具有较好的代表性。在完成集体林产权制度主体改革以后，即完成集体林地确权以后，启动了新一轮集体林产权制度配套改革，福建省和江西省的案例县率先开展了集体林产权制度配套改革，主体改革完成较晚的案例省区的案例县开展配套改革亦相应较晚，集体林权制度改革的配套改革具有较大时间差异。因此，不论从森林资源状况还是新一轮集体林权制度改革及配套改革而言，本书所选用的案例省区均具有较好的全国集体林地确权的代表意义。

在选定案例省区的基础上，通过召开座谈会和专家等人士的访谈，国家林业局经济发展研究中心的“中国集体林权制度改革相关政策问题研究”研究团队与省级林业主管部门和有关专家沟通协商，每个案例省区选定 2 个案例县，即山东省蒙阴与莱州、河南省舞阳与浉河、辽宁省清原和本溪、四川省威远与丹棱、浙江省遂昌与德清、福建省顺昌与沙县、湖南省平江与洪江、江西省铜鼓与遂川以及广西壮族自治区的平果与环江等县市区。在 18 个案例县市区中，包括环江、蒙阴、遂昌和铜鼓等国家级贫困县，也有德清和莱州等国家百强县；同时案例县既包括了铜鼓、遂川、洪江、顺昌、遂昌、环江等森林覆盖率均超过 50% 的森林资源丰富地区，也囊括了莱州和舞阳等少林县；既有山区案例县，也包括平原与丘陵县。这些案例县启动新一轮集体林权制度改革时间也不一致，即使在同一案例省的两个案例县启动此轮集体林地确权的时间亦不同；同一案例县的不同乡镇与同一乡镇的不同行政村启动新一轮集体林产权改革呈现出时间差。

国家林业局经济发展研究中心的“中国集体林权制度改革相关政策问题研究”的研究团队设计县级、村级和农户的定性问卷和定量调查表，调研内容涉及森林资源、社会经济发展、农户生产生活行为以及对相关政策意愿等多方面，在跟踪调研过程中，问卷和调查表框架保持稳定，增加少量有关政策等方面的问题。采用国家统计局《中国统计年鉴（2018）》中的农村消费价格指数和农村工业品价格指数，把获取的数据调整为 1994 年的不变价格。

国家林业局经济发展研究中心的“中国集体林权制度改革相关政策问题研究”研究团队负责组织此数据库的大规模调研。2010 年，研究团队搜集了 2003 年、2007—2009 年的样本数据信息；此后，每 2 年开展一次调研，即 2012 年、2014 年和 2016 年分别搜集了 2010—2011 年、

2012—2013年和2014—2015年的样本数据。国家林业局经济发展研究中心的“中国集体林权制度改革相关政策问题研究”研究团队采用Hakim[177]及Devereux和Hoddinott[178]建议的进行提问以尽量减小回忆偏差，并询问每个样本农户的多个家庭成员和同村相关人士，通过他们的仔细认真回忆获取每个年度的数据信息，所获得数据与样本村、乡镇和县有关统计数据进行比对，进一步验证了调查数据信息的可靠性。由于调查时一些农户不在场等原因，所获得样本农户的数据为非平衡面板数据。

2. 遗失样本农户数据的完全随机性检验

本书拟采用1200户平衡面板数据，采用遗失数据的样本农户概率分布是否独立于获得与遗失数据以及相关自变量，检验未获得数据的样本农户是否完全随机遗失[179]。检验结果显示：遗失数据的样本农户属于完全随机的，因此，采用1200户长期平衡面板数据所获得参数估计应为无偏的和有效的。同时，对样本农户按照林地经营规模和区域分类以及经营不同林种进行区分时可能出现非平衡样本农户数据，因此，同样需要开展遗失样本农户数据是否为完全随机遗失的。在本书研究过程中，采用方差和相关性检验结果表明：本书的遗失样本农户数据为完全随机遗失，故可以按照随机抽样技术获得样本农户数据进行计量经济学分析与估计。

表3-1　　9个案例省份的森林资源状况和商品材生产

| 省份 | 森林资源清查 | 集体有林地面积（百万 $hm^2$） | 集体活立木蓄积（百万 $m^3$） | 集体林分面积（百万 $hm^2$） | 集体林分蓄积（百万 $m^3$） | 集体人工林面积（百万 $hm^2$） | 集体人工林蓄积（百万 $m^3$） | 商品材产量（百万 $m^3$） |
|---|---|---|---|---|---|---|---|---|
| 辽宁 | 第六次森林资源清查 | 4.06（87.54） | 142.44（76.80） | 2.68（82.96） | 131.92（75.49） | 1.15（76.10） | 40.08（63.51） | 7.90 |
| | 第七次森林资源清查 | 4.21（87.06） | 162.81（76.89） | 3.01（83.29） | 154.13（76.20） | 1.31（78.76） | 48.69（66.70） | 7.40 |
| | 第八次森林资源清查 | 4.55（88.02） | 203.90（78.51） | 3.29（84.43） | 195.25（77.96） | 1.50（82.07） | 68.24（71.93） | 9.86 |
| 浙江 | 第六次森林资源清查 | 5.36（96.84） | 125.21（90.43） | 3.46（95.76） | 103.58（89.79） | 0.98（93.39） | 28.96（83.12） | 10.71 |
| | 第七次森林资源清查 | 5.66（96.81） | 177.56（91.61） | 3.78（95.92） | 157.09（91.21） | 1.13（94.95） | 54.48（90.68） | 10.12 |
| | 第八次森林资源清查 | 5.78（96.18） | 222.38（91.80） | 3.90（95.04） | 198.51（91.56） | 1.04（93.36） | 61.56（90.11） | 10.50 |
| 福建 | 第六次森林资源清查 | 6.80（88.84） | 402.38（81.01） | 4.83（85.67） | 353.57（79.71） | 1.88（80.27） | 133.02（73.73） | 22.27 |
| | 第七次森林资源清查 | 7.14（93.19） | 434.69（81.67） | 5.20（91.84） | 388.88（80.29） | 1.93（80.65） | 147.14（75.07） | 33.30 |
| | 第八次森林资源清查 | 7.47（93.27） | 552.99（82.94） | 5.57（91.87） | 497.23（81.79） | 2.29（82.25） | 194.48（78.25） | 24.54 |
| 江西 | 第六次森林资源清查 | 7.84（84.25） | 280.80（75.01） | 5.99（82.32） | 237.16（72.96） | 1.18（59.74） | 48.20（49.01） | 13.31 |
| | 第七次森林资源清查 | 8.62（88.49） | 357.33（79.33） | 6.72（87.50） | 308.31（77.99） | 1.59（74.77） | 67.26（62.65） | 20.79 |
| | 第八次森林资源清查 | 8.85（88.37） | 377.94（80.36） | 6.89（87.19） | 322.10（78.87） | 2.05（79.65） | 73.54（66.13） | 20.73 |
| 山东 | 第六次森林资源清查 | 1.94（94.68） | 52.91（90.92） | 0.73（88.25） | 27.60（86.21） | 0.64（87.31） | 26.98（86.13） | 6.81 |
| | 第七次森林资源清查 | 2.40（94.48） | 79.65（92.32） | 1.42（91.10） | 57.79（91.17） | 1.35（92.56） | 56.53（91.14） | 4.52 |
| | 第八次森林资源清查 | 2.41（94.49） | 115.31（93.29） | 1.48（91.71） | 82.51（92.51） | 1.41（93.35） | 80.54（92.48） | 16.03 |
| 河南 | 第六次森林资源清查 | 2.48（91.71） | 118.28（88.46） | 1.76（89.15） | 70.42（83.78） | 0.80（88.77） | 34.45（85.33） | 7.20 |
| | 第七次森林资源清查 | 3.10（92.04） | 163.08（90.34） | 2.57（90.72） | 113.00（87.35） | 1.54（93.73） | 68.63（91.75） | 5.61 |
| | 第八次森林资源清查 | 3.30（92.01） | 208.42（91.09） | 2.77（90.87） | 152.10（88.98） | 1.63（93.70） | 98.16（93.80） | 9.06 |
| 湖南 | 第六次森林资源清查 | 8.20（95.35） | 272.97（90.35） | 5.74（94.27） | 237.66（89.57） | 2.24（91.36） | 98.67（85.97） | 16.65 |
| | 第七次森林资源清查 | 9.02（95.20） | 344.35（90.20） | 6.84（94.18） | 312.87（89.63） | 2.67（91.74） | 138.90（86.71） | 20.49 |
| | 第八次森林资源清查 | 9.01（94.71） | 334.93（89.77） | 6.83（93.43） | 294.86（89.08） | 2.94（93.09） | 121.09（85.91） | 32.03 |
| 广西 | 第六次森林资源清查 | 9.02（91.88） | 341.95（84.88） | 6.74（90.23） | 307.78（84.38） | 1.95（85.30） | 98.10（81.12） | 17.47 |
| | 第七次森林资源清查 | 9.45（91.49） | 441.08（86.39） | 7.26（89.99） | 402.58（85.88） | 2.50（85.24） | 142.47（83.18） | 22.25 |
| | 第八次森林资源清查 | 10.21（91.48） | 484.15（86.74） | 8.17（90.38） | 440.66（86.51） | 3.79（88.46） | 190.79（85.67） | 47.78 |

续表

| 省份 | 森林资源清查 | 集体有林地面积（百万 $hm^2$） | 集体活立木蓄积（百万 $m^3$） | 集体林分面积（百万 $hm^2$） | 集体林分蓄积（百万 $m^3$） | 集体人工林面积（百万 $hm^2$） | 集体人工林蓄积（百万 $m^3$） | 商品材产量（百万 $m^3$） |
|---|---|---|---|---|---|---|---|---|
| 四川 | 第六次森林资源清查 | 6.41（51.93） | 452.18（28.58） | 5.17（46.85） | 396.32（26.50） | 1.74（77.04） | 71.59（69.10） | 4.53 |
| | 第七次森林资源清查 | 6.54（49.80） | 497.13（29.46） | 5.17（44.37） | 435.48（27.29） | 2.31（81.64） | 98.68（73.85） | 4.20 |
| | 第八次森林资源清查 | 6.99（52.12） | 558.39（31.45） | 5.50（46.47） | 491.38（29.25） | 2.52（82.66） | 123.52（77.37） | 12.56 |
| 小计 | 第六次森林资源清查 | 52.11（83.18） | 2189.12（59.58） | 37.11（78.68） | 1866.02（56.54） | 12.56（80.99） | 580.06（73.64） | 106.86 |
| | 第七次森林资源清查 | 56.15（83.88） | 2657.70（62.76） | 41.97（80.29） | 2330.12（60.36） | 16.34（85.28） | 822.78（79.24） | 128.68 |
| | 第八次森林资源清查 | 58.58（84.37） | 3058.42（65.09） | 44.41（81.00） | 2674.62（62.72） | 19.19（86.97） | 1011.93（81.74） | 183.09 |
| 全国 | 第六次森林资源清查 | 98.86（58.49） | 4351.77（32.82） | 74.03（51.85） | 3682.83（30.44） | 24.48（75.81） | 1030.60（68.50） | 246.23 |
| | 第七次森林资源清查 | 108.91（60.05） | 5279.88（36.28） | 84.84（54.53） | 4574.47（34.23） | 32.17（80.42） | 1442.04（73.55） | 262.69 |
| | 第八次森林资源清查 | 117.40（61.41） | 6297.07（39.18） | 92.44（56.16） | 5469.81（37.01） | 38.91（82.67） | 1890.99（76.15） | 357.39 |
| 案例省区占全国总量的比例 | 第六次森林资源清查 | 52.72 | 50.30 | 50.13 | 50.67 | 51.28 | 56.28 | 43.40 |
| | 第七次森林资源清查 | 51.55 | 50.34 | 49.47 | 50.94 | 50.79 | 57.06 | 48.99 |
| | 第八次森林资源清查 | 49.90 | 48.57 | 48.04 | 48.90 | 49.31 | 53.51 | 51.23 |

注：（1）括号内的数据为集体林占相应指标的比重（单位为%）；（2）数据来源：国家林业局第六次、第七次、第八次森林资源清查数据。

### 3.2.2　本文的研究方法

影响林业发展的政策、制度、工程对土地利用方式的改变是通过调整一系列的针对森林资源等的经营主体生产实现的，因此有必要开展影响林业发展的政策与制度等政策与制度等对管理森林资源等经营主体生产行为的影响研究。Stiglitz[180]提出社会经济与生态保护等多个领域需要进行政府干预，以调整因公共产品、外部性等导致的市场失灵，这就需要经济学理论来指导对在给定技术、制度和环境背景下个人生产行为的研究[181]。在市场或政策、制度等发生变化时，人们如何做出反应，需要开展影响分析，并根据影响效果调整相应政策与制度设计[182]，Roy[183]与 Rubin[184]提出的影响分析框架已在政策或制度变化（迁）的影响分析中得到广泛采用[185-187]。

在研究过程中，本文采用政策影响评估（Impact Evaluation）的方法，新一轮集体林地确权对样本农户林地流转、长期和短期投资的影响，常用的政策评估方法有双重差分法、匹配法、工具变量法、断点回归法和不可观测效应面板数据模型。我们采用何种方法进行评估，主要基于集体林地确权（即 D 的取值）是如何决定的。在实际中，D 值的决定主要可分成以下三种不同的情形[187]：

第一，D 的取值（即是否参加这个项目）完全是由随机决定的，即在一个完全随机的实验中，已参加新一轮集体林地确权和尚未参加新一轮集体林地确权的农户，完全是由该实验随机决定的。在这种情形下，自选择偏差为零，该新一轮集体林地确权产生的影响是最容易估计的，我们可以通过随机实验方法估计出参加确权的影响。第二，D 的取值并非随机决定的，但是确认一些可观察特征（X）后，D 是独立于 $Y_0$（集体林地确权前的状况）和 $Y_1$（集体林地确权后的状况）的。这可以用数学式子表示如下：$D \perp (Y_0, Y_1) \mid X$，也就是说，如果控制特征变量 X，D 的取值与 $Y_0$ 和 $Y_1$ 都没有关系。伍德里奇称之为"实验的不可知性（Ignorability of Treatment)"，这也被称为"条件独立假设（Conditional Independence)"。这一假设略弱于第一种情形下的完全随机决定的假设，如果该假设成立的话，现实中我们就可以运用匹配法等方法来获得无偏的估计值。第三，即使控制可观察的特征变量 X 后，D 的取值与 $Y_0$ 和 $Y_1$ 相关。这是最难以处理的一种情形，也是现实中最常见的一种情形。为了解决由此引起的估计有偏问题，我们一般采用工具变量法、双重差分法或断点回归等方法进行估计。

由于新一轮集体林地确权可能与因变量（林地流转、林业长期投入和短期投入）之间存在相关性，我们需要验证是否存在由反向因果引起的内生性。本文使用的调研样本既包括了林地已确权与未确权的农户，又包含了已确权农户确权前和确权后的信息，这样的数据结构使得我们可以将新一轮集体林权改革看成一次"准自然实验"来进行分析，因此我们将选用政策评估常用的方法，即双重差分法（Difference in Difference，DID），进行分析。同时，本书还将用内生转换模型对农户林地流转概率进行分析，并用多项 Logit 模型对不同林种造林概率进行分析。

1. 双重差分法

双重差分法的基本思路是通过比较集体林地确权前后对照组（未确权

农户）和处理组（已确权农户）的差异来获得估计量。先分别比较林地已确权农户在新一轮集体林地确权前后的差异、未确权农户在新一轮集体林地确权前后的差异，最后计算上述两个差异的差，因而称为“双重差分”。具体而言，我们可以建立以下模型表示如下：

$$Y_0 = \alpha_0 + \alpha_1 D + \beta_0 T + \varepsilon \tag{3-11}$$

$$Y_1 = \alpha_0 + \alpha_1 D + \beta_0 T + \tau_{DID} + \varepsilon \tag{3-12}$$

其中，$Y_0$ 代表样本农户在集体林地确权前的状况，$Y_1$ 代表样本农户在集体林地确权后的状况。T = 1 代表是在新一轮集体林地确权后，T = 0 代表政策实施前。D = 1 代表已确权农户，D = 0 代表未确权农户。为分析方便，在此我们假设不控制任何特征变量 X，同时假设 $\varepsilon$ 是同时独立于 D 和 T。其中，$\tau_{DID}$ 就代表集体林地确权对因变量的影响，这里我们假设对所有个体而言 $\tau_{DID}$ 都是相同的，可以通过下面的式子估计出式（3－12）中的 $\tau_{DID}$：

$$\tau_{DID} = E[Y_1] - E[Y_0] = (E[Y \mid D = 1, T = 1] - E[Y \mid D = 1, T = 0])$$
$$- (E[Y \mid D = 0, T = 1] - E[Y \mid D = 0, T = 0]) \tag{3-13}$$

只要我们有新一轮集体林地确权前后对照组和处理组的数据，我们就可以根据上式得到 $\tau_{DID}$。这种双重差分的做法使我们既可以差分掉对照组和处理组之间本来就有的差异（$\alpha_1$），也可以差分掉集体林地确权前后两个组存在的共同变化趋势（$\beta_0$）。

我们可以用最小二乘法直接估计出 $\tau_{DID}$。具体的回归式子表达如下：

$$Y_i = \alpha_0 + \alpha_1 D_i + \beta_0 T_i + \tau_{DID} D_i * T_i + \varepsilon_{it} \tag{3-14}$$

式中：$Y_i$ 是指第 i 个样本农户在参加新一轮集体林地确权前后各期的结

果变量（如林地流转面积、林业长期投入和林业短期投入等），$D_i = 1$ 意味着样本农户 i 是已确权农户（处理组），$D_i = 0$ 意味着样本农户 i 是未确权农户（对照组）。T = 1 意味着新一轮集体林地确权之后，T = 0 意味着新一轮集体林地确权之前。$\tau_{DID}$ 就是我们关心的项目实施后对参加项目个体的影响。该式子中其余各系数的含义可以从表 3 - 2 比较直观地反映出来：

**表 3 - 2　　双重差分模型各系数的含义**

| 项目 | 参数 | 对照组（D = 0） | 处理组（D = 1） | 差异 |
|---|---|---|---|---|
| 新一轮集体林地确权前 | T = 0 | $\alpha_0$ | $\alpha_0 + \alpha_1$ | $\alpha_1$ |
| 新一轮集体林地确权后 | T = 1 | $\alpha_0 + \beta_0$ | $\alpha_0 + \alpha_1 + \beta_0 + \tau_{DID}$ | $\alpha_1 + \tau_{DID}$ |
| 差异 | | $\beta_0$ | $\beta_0 + \tau_{DID}$ | $\tau_{DID}$ |

从表 3 - 2 我们可以看到，如果我们仅仅获得新一轮集体林地确权后处理组和对照组的截面数据，我们会得到处理组和对照组的差异为 $\alpha_1 + \tau_{DID}$，但该差异是否就是确权对处理组所带来的真正影响呢？其实不是。从表 3 - 2 可以发现，其实两组人群间原本就有一定的差异，因为在新一轮集体林地确权前，处理组和对照组之间就存在一定的差异，处理组的结果变量（如林地流转面积、林业长期投入和林业短期投入）就比对照组平均高出 $\alpha_1$，在确权后，处理组和对照组之间的差异增加到 $\alpha_1 + \tau_{DID}$。因此，真正由确权本身产生的对确权农户的影响，应该是 $\tau_{DID}( = \alpha_1 + \tau_{DID} - \alpha_1)$。

同理，为了考察新一轮集体林地确权后所产生的效果，如果我们仅仅获得最终确权的农户（处理组）在新一轮集体林地确权前后的数据，就会错误地得到确权产生的效果是 $\beta_0 + \tau_{DID}$，其实这并不是确权本身所产生的影响，因为在新一轮集体林地确权前后，即使不参加项目的农户，其结果变量（如林地流转面积、林业长期投入和林业短期投入）也发生了变化，

平均增加了 $\beta_0$ ，因此，我们在评估新一轮集体林地确权的影响时，必须剔除这部分影响，即最终影响仍为 $\tau_{DID}$（$=\beta_0+\tau_{DID}-\beta_0$）。

2. 内生转换模型

在考察农户林地流转概率时，本书将使用内生转换模型进行分析。由于本书的双重差分模型是用最小二乘法（OLS）进行估计的，而林地流转概率是一个二分虚拟变量，因变量并不是连续变量，此时不适合用最小二乘直接进行估计，因此本部分将引入内生转换模型。内生转换模型在解决内生性问题的基础上，还有以下几个优势：第一，通过一个转换方程，将农户分为两组（处理组和对照组），能够分别对已确权农户和未确权农户的林地流转情况进行考察；第二，在计算平均处理效应时，既可以解决可观测因素和不可观测因素造成的选择偏差，又可以解决处理效应的异质性问题；第三，可以建立反事实分析，可以直接计算出未确权农户在真实状态下和如果给予其林地产权的假设状态下的流转行为，这是其他方法无法直接获得的。由于具体的内生转换模型建立同确权与流转之间的内生性紧密相关，因此在此就不详细介绍模型结构，在后文将作出具体说明。

3. 多项 logit 模型

在考察农户林业长期投入行为时，造林行为是本部分重点关注的内容，因此在本部分将分析农户种植不同林种的概率。通过入户调研所得数据，我们将农户造林树种大致分为用材林（又分为速生林和非速生用材林）、经济林、竹林以及未造林农户，各个林种作为因变量并没有任何程度差异，因此我们引入多项 Logit 模型（Multinominal Logistic Regression），来分析因变量有两个以上类别的分类因变量。

多项 Logit 模型可以看成是普通二项 Logit 模型的拓展版，也就是同时估计多个二项 Logit 模型，将其中一组作为对照组，将其他组的回归结果与其进行比较。在本文中，将未造林农户作为对照组（即 $Y=0$），让其他各组与对照组进行比较。

参考伍德里奇（2010）对线性概率模型的假设，多项 Logit 的具体模型如下：

$$\ln\frac{P(Y=1\mid X)}{P(Y=0\mid X)}=\alpha_1+\sum\beta_{k1}X_k \tag{3-15}$$

$$\ln\frac{P(Y=2\mid X)}{P(Y=0\mid X)}=\alpha_2+\sum\beta_{k2}X_k \tag{3-16}$$

$$\ln\frac{P(Y=3\mid X)}{P(Y=0\mid X)}=\alpha_3+\sum\beta_{k3}X_k \tag{3-17}$$

$$\ln\frac{P(Y=4\mid X)}{P(Y=0\mid X)}=\alpha_4+\sum\beta_{k4}X_k \tag{3-18}$$

其中，$Y=1$ 表示农户种植速生丰产林，$Y=2$ 表示农户种植非速生用材林，$Y=3$ 表示农户种植经济林，$Y=4$ 表示农户种植竹林，$X_k$ 表示所有解释变量。

### 3.2.3 变量说明

本节将列出本书所有用到的变量，对变量进行标号，并对变量的定义及单位进行说明，具体见表 3-3。变量总共分为六类，分别为农户林业经营行为变量（Y）、关键政策变量（R）、市场因素变量（MD）、其他政策变量（POL）、户主及家庭特征（HVC）和农户林地资源状况（FC）。

表 3-3　变量说明及定义

| 类别 | 变量 | 变量名 | 定义及单位 |
|---|---|---|---|
| Y | $Y_1$ | 是否流入林地 | 农户流入林地=1，农户未流入林地=0 |
| | $Y_2$ | 是否流出林地 | 农户流出林地=1，农户未流出林地=0 |
| | $Y_3$ | 林地流入面积 | 农户流入的林地面积（亩） |
| | $Y_4$ | 林地流出面积 | 农户流出的林地面积（亩） |
| | $Y_5$ | 造林面积 | 农户每年新造林的面积（亩） |
| | $Y_6$ | 造林资本投入 | 农户每年用于进行造林相关工作的花费（元） |
| | $Y_7$ | 造林劳动力投入 | 农户每年造林投入的自有劳动力（人天） |
| | $Y_8$ | 抚育劳动力投入 | 农户每年抚育投入的自有劳动力（人天） |
| | $Y_9$ | 造速生林 | 农户新造速生丰产林=1 |
| | $Y_{10}$ | 造非速生用材林 | 农户新造除速生丰产林外的用材林=1 |
| | $Y_{11}$ | 造经济林 | 农户新造经济林=1 |
| | $Y_{12}$ | 造竹林 | 农户新造竹林=1 |
| | $Y_{13}$ | 林业短期资本投入 | 农户投资于林业的除造林以外的花费（元） |
| | $Y_{14}$ | 林业劳动力投入 | 农户对林业除造林和抚育外的自有劳动力投入（人天） |
| R | $R_1$ | 是否确权 | 农户已获得林权证=1，农户未获得林权证=0 |
| | $R_2$ | 林地已确权年限 | 自颁发林权证起的年限（年） |
| IV | IV | 第一大姓占全村人数的比例 | 第一大姓人口数占全村人口数的比例（%） |
| MD | $P_1$ | 利率增长率 | 当期利率比上一期利率的增长率 |
| | $P_2$ | 非农劳动力价格 | 农户所在地区从事非农行业的报酬（元/人天） |
| | $P_3$ | 木材价格 | 每年木材的价格（元/$m^3$） |
| | $P_4$ | 利率 | 每年央行一年期定期存款利率 |
| POL | $POL_1$ | 采伐申请是否容易 | 农户申请采伐指标容易=1，不容易=0 |
| | $POL_2$ | 是否有造林补贴 | 农户获得造林补贴=1，未获得造林补贴=0 |
| | $POL_3$ | 是否参加林业合作社 | 农户参加林业合作社=1，未参加林业合作社=0 |
| | $POL_4$ | 是否有林业保险 | 农户有林业保险=1，没有林业保险=0 |
| | $POL_5$ | 是否有林权抵押贷款 | 农户获得林权抵押贷款=1，未获得林权抵押贷款=0 |
| HVC | $HVC_1$ | 户主年龄 | 户主的年龄（岁） |
| | $HVC_2$ | 户主是否村干部 | 户主是村干部=1；户主不是村干部=0 |
| | $HVC_3$ | 户主受教育年限 | 户主的受教育年限（年） |
| | $HVC_4$ | 家庭人口数 | 家庭的人口数量（人） |
| | $HVC_5$ | 非农劳动力投入比例 | 农户投入非农劳动力占总劳动力投入的比例（%） |
| | $HVC_6$ | 林业收入占总收入比例 | 林业总收入占农户总收入的比例（%） |
| | $HVC_7$ | 家庭年现金收入 | 农户家庭每年的现金收入（元） |

续表

| 类别 | 变量 | 变量名 | 定义及单位 |
| --- | --- | --- | --- |
| HVC | $HVC_8$ | 非农劳动力投入 | 农户投入非农劳动的劳动力数量（人天） |
|  | $HVC_9$ | 是否硬化路面 | 村庄道路是硬化路面 =1；不是硬化路面 =0 |
|  | $HVC_{10}$ | 村委会到县城距离 | 村委会到县城的距离（千米） |
|  | $HVC_{11}$ | 村海拔 | 村的海拔高度（米） |
| FC | $FC_1$ | 林地面积 | 农户家庭经营的林地面积（亩） |
|  | $FC_2$ | 是否采伐木材 | 农户采伐木材 =1，未采伐木材 =0 |
|  | $FC_3$ | 宜林荒山荒地面积 | 分配给农户的可以造林的荒山或荒地面积（亩） |
|  | $FC_4$ | 农地面积 | 农户家庭经营的农地面积（亩） |
|  | $FC_5$ | 小规模农户林地面积 | 农户家庭经营的林地面积小于 9 亩 |
|  | $FC_6$ | 中等规模农户林地面积 | 农户家庭经营的林地面积大于或等于 9 亩，小于 32 亩 |
|  | $FC_7$ | 大规模农户林地面积 | 农户家庭经营的林地面积大于或等于 32 亩 |
|  | $FC_8$ | 竹林面积（亩） | 农户家庭经营的竹林面积（亩） |
|  | $FC_9$ | 经济林面积（亩） | 农户家庭经营的经济林面积（亩） |
|  | $FC_{10}$ | 用材林面积（亩） | 农户家庭经营的用材林面积（亩） |

# 第 4 章

# 新一轮集体林权制度改革及生产要素投入现状

1949 年以来，我国集体林产权制度安排与变迁基本模仿农业集体产权制度改革，亦步亦趋的推进集体林产权制度变迁，先后经历了土地改革、初（高）级合作社、人民公社和 1978 年以后以家庭经营为主的集体林产权制度变迁。1978 年以前，已开展边际性集体林产权制度改革。根据集体林产权制度变迁时期和主要产权特征，1978 年以来的集体林产权制度变迁可划分如下几个重要阶段：(1) 以林业“三定”为主要特征的 20 世纪 80 年代集体林产权制度安排，出现了责任山和自留山等两种新型林地权属形式，从人民公社林业经营管理体制过渡到家庭经营为主导，村（生产大队）和村民小组（生产队）依然掌握着巨大经济权利，可以决定自留山和责任山的大小以及责任山的承包期长短与分配比例。(2) 1987 年出现了大规模乱砍滥伐以后，政府重新鼓励集体经营，各地探索各种集体林经营模式。(3) 2003 年，福建省率先启动新一轮集体林权制度改革，辽宁、江西、浙江等省陆续实施新一轮集体林权制度改革，2008 年以后，新一轮集体林权制度改革在全国各省区逐步推行。在完成新一轮集体林产权制度主体改革的基础上，2009 年以来，逐步推行新一轮集体林权制度改革的配套改革，并深化新一轮集体林权制度改革，推行“三权”分置和建立家庭林场和合作社等新型经营主体。由于中国地域辽阔、各地社会经济与森林资源状况差异较大，改革开放以来，我国集体林产权制度变迁亦呈现出多样性，不拘一格。

本章首先从新一轮集体林制度改革的历程、动因、进展和配套改革等几个方面回顾集体林产权制度的演进，了解集体林地确权的背景与现状；然后对调研样本农户的林地流转、林业长期投入和短期投入三个方面进行详细分析，了解样本农户林业生产要素投入情况。

## 4.1 新一轮集体林权制度改革历程

2000 年前后，中国开展了可持续发展林业战略研究，提出了完善和改革集体林产权制度的政策建议。鉴于林业股份合作运行不理想，福建省不再把林业股份合作经营作为主要选择，把林业家庭经营作为可替代选择，引入家庭经营成为一种趋势。2001 年，集体林权制度改革首先在福建省武平县开始试点，把集体林地林木的承包权和经营权落实到户[43]。鉴于集体林业发展的内外部条件发生了重大变化，2003 年，中共中央、国务院出台了《关于加快林业发展的决定》（以下简称《决定》），林业“三定”时期分林到户率最低的福建省率先在全省推行以分林到户为主要特征的新一轮集体林权制度改革；2004 年，江西、辽宁和浙江等省亦启动了新一轮集体林权制度改革。同年，江西省将遂川、崇义、铜鼓、德兴、浮梁、武宁和黎川等 7 个县市确定为新一轮集体林权制度改革试点县。2008 年，中共中央、国务院颁布了《关于全面推进集体林权制度改革的意见》（以下简称《意见》），要求用 5 年左右的时间，基本完成明晰产权、承包到户的改革任务。本次改革将农户确定为集体林地的承包经营主体；该文件规定村集体可保留少量林地，并以民主的方式对林地进行管理。

2009 年，中央林业工作会议提出全面推进新一轮集体林权制度改革的决定，其他省市区陆续启动这一改革。通过采取使自留山保持不变、已分到户的责任山保持不变、落实谁造谁有、家庭经营、林业股份合作、有偿转让经营、稳妥处理已流转的集体林地。把林地所有权落实到村组，林权落实到户，发放林权证到户。各省市区启动和完成新一轮集体林权制度改革的时间不一致，呈现出时间上的多样性。根据中央颁布的本次改革的原则，各省市区采用多样性林地林木确权形式，有些省市区简单地对 20 世纪 80 年代责任山和自留山进行确权发证工作，有些重新测量林地面积和四至边界，颁发新林权证；一些省市区对林地林木重新分配，把原来由集体统一经营的林地划分到农户。

根据我们实地调研结果，极少数地区以 20 世纪 50 年代土地改革的结果确定新一轮集体林权制度改革的确权时点，如广东省和平县的一些村采取了这种确权时点，并且得到农户一致认可。新一轮集体林权制度改革要求承包期延长至 70 年，各地承包期计算时点不尽一致，把 20 世纪 80 年代林业“三定”以及后续集体林权制度改革的时点作为计算时点；或将两次集体林权制度改革过渡期的某次集体林地确权的年度作为计算时点；或新一轮集体林权制度改革时点作为计算承包期的时点，因此，新一轮集体林权制度改革到期年度将存在较大差距，新一轮集体林权制度改革林地承包期到期以后，可以续延，集体林地承包到期差异对农户投入林业积极性可能不会产生显著影响，但需要假以时日进行观察。福建省一些地区采取了预期均山的方式把集体林分配到农户，在新一轮集体林权制度改革之前，部分集体林地已租赁给农户或其他经营主体且尚未到期，预期均山就是已租赁出去的林地到期后交给农户经营管理。同时福建省一些市区县向农户承包的集体林地收取租金，用于发展公共事业；浙江省一些县市区采用维持 20 世纪 80 年代林业“三定”时期的责任山不变，但对于超过新一轮集体林权制度改革时点的承包林地缴纳一定费用，根据我们的实地调研结果，收取承包林地租金和超出林地收取费用是相当困难的。

自 2003 年起，政府颁布的一系列文件和法律法规来为新一轮集体林权制度改革提供政策支持和法律保障，具体政策文件见表 4－1。随着一系列文件政策的出台，在全国范围内各省份陆续启动了新一轮集体林权制度改革。本文所用数据的案例省中，最早 2003 年开始新一轮集体林权制度改革试点的是福建省，接下来在 2004 年江西省也开始试点，而辽宁省亦是早期开始试点的省份并于 2005 年开始实施改革。随后，四川省、浙江省和湖南省于 2007 年也启动了新一轮集体林权制度改革，而河南省、山东省和广西壮族自治区也在 2008 年全国全面推开集体林权制度改革后相继开始。

**表 4－1　新一轮集体林权制度改革标志性政策文件**

| 年度 | 政策文件 |
|---|---|
| 2003 | 中共中央国务院关于加快林业发展的决定 |
| 2003 | 福建省人民政府关于推进集体林权制度改革的意见 |
| 2008 | 中共中央国务院关于全面推进集体林权制度改革的意见 |
| 2008 | 中共中央关于推进农村改革发展若干重大问题的决定 |

续表

| 年度 | 政策文件 |
| --- | --- |
| 2009 | 中共中央国务院关于 2009 年促进农业稳定发展农民持续增收的若干意见 |
| 2011 | 林业“十二五”规划 |
| 2014 | 中共中央国务院关于全面深化农村改革加快推进农业现代化的若干意见 |
| 2016 | 农村承包土地经营权抵押贷款试点暂行办法 |
| 2018 | 农村土地承包法 |

## 4.2 新一轮集体林权制度改革的动因

问题源流、政策（制度）源流和政治源流相互作用到一定程度，各级政府意识到集体森林资源问题的严重性或者出现了危机，决策层形成大致的共识，不开展集体林权制度改革，就会造成严重后果[188]；只有如此，才能把集体林产权制度变迁列入议事日程。危机引起的担忧由地方政府向中央政府蔓延，演化成为全局性危机，那么中央政府就会采取措施；若属于局部性危机，那么地方政府将采取行动。2003 年以来推行的新一轮集体林权制度改革的问题源流在于农户等经营主体对集体经营不感兴趣，林地生产力水平低和林业对农民收入贡献低等现象，与社会主义新农村建设和美丽乡村建设的要求不吻合，这是新一轮集体林权制度改革的主要问题源流，类似于 Mather 等[189]、Hirsch 和 Lohmann[190]所讨论的危机反应决策模型。再次把家庭经营作为灵丹妙药，赋予农户更多林地林木权能，希冀农户能够在获得稳定集体地权属以后能够增加林业生产要素投入，再造青山绿水。

2003 年以来，中央政府出台了减免农业费负担的政策，以工补农，以城补农，扭转了 20 世纪 80 年代以来南方集体林区林业税费负担过重的格局，林业税费率从 20 世纪 90 年代的 7% ～ 8% ，下降到 2003 年不足 1% ，2003 年持续下降，2014 年农户不再需要承担的林业税费；同时，完成新一轮集体林产权改革的主体改革以后，开展相关集体林产权配套改革，尤其实施了减免税费、造林、抚育和保险等多种形式的财政补贴，1994 年以前，农户基本上没有享受财政补贴，1995 年以后陆续启动了林业财政补贴，2003 年以后的林业财政补贴率虽有所波动，但基本上呈现上升态势，2014 年以后林业财政补贴率超过了 4% （见图 4 - 1）。加之木材等林产品价格上扬，集体林区木材价格基本上呈现上升态势（见图 4 - 2）。农户希望从减税和价格提升获利空间中分上一杯羹，希望把原来由集体经营或已经流转出去的林地重新界定产权；对于已在农户手中的责任山和自留山而言，他们希望通过新一轮集体林地确权，获得更为安全的集体林地林木权属。农户希望能够启动新一轮集体林权制度改革，获得集体林地安全产权，增加他们手中的财富和林业收入。

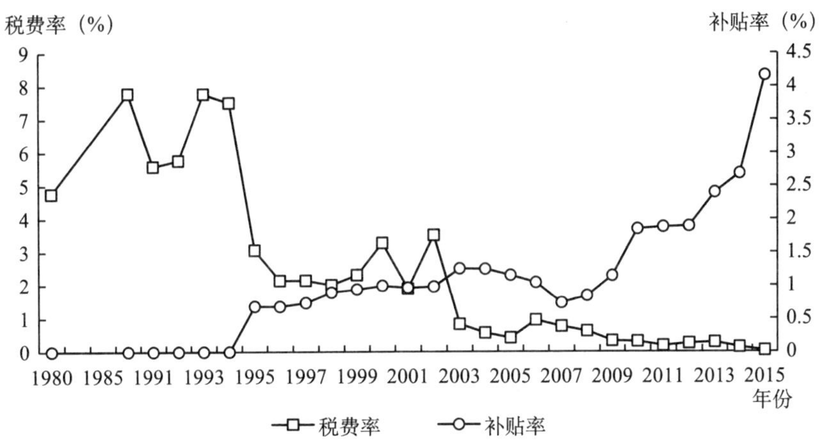


**图 4 - 1　集体林区平均税费率和补贴率**

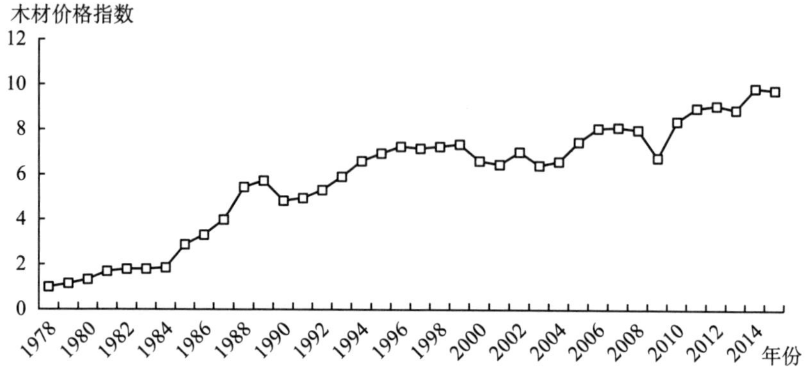


**图 4－2　集体林区平均木材价格指数**

## 4.3　新一轮集体林权制度改革的主体改革

新一轮集体林权制度改革的主体改革就是明晰产权、承包到户，将集体林地划分给农户经营，实现集体林地产权的清晰界定。从全国范围来看，除上海和西藏以外 29 个省（区、市），全国新一轮集体林产权制度主体改革进展情况见表 4－2（由于上海市和西藏自治区由于集体林面积较小，因此在统计新一轮集体林权制度改革确权进展时没有纳入到全国进度）。

截至 2017 年底，全国已完成确权林地面积从 2009 年的 1.18 亿公顷提高到 2017 年 1.80 亿公顷，从占全国集体林地面积的 64.7% 提高到 98.69%。2009 年，发放林权证 5544 万本，发证面积占集体林地面积的 51.2%，2017 年的发证面积占已确权林地面积的 97.65%，2009 年到 2017 年的家庭经营面积增长了 23 个百分点（见表 4－2）。表 4－2 的结果同时显示：新一轮集体林地确权（主体改革）主要在 2008—2011 年（见表 4－2）。由于新一轮集体林产权制度主体改革中存在四至边界不清、错划、漏划等问题，一些省市区实施了新一轮集体林权制度改革回头看，进一步明晰集体林地林木权属。我们需要注意到：2010 年和 2014 年的中央一号文件均又强调了要抓紧对农村土地进行确权的工作。这些政策措施也是新一轮集体林地确权回头看的重要保障。

表 4-2 新一轮集体林权制度改革进展状况

| 年度 | 确权面积（亿公顷） | 其中家庭承包面积（亿公顷） | 发放林权证（万本） | 发证面积（亿公顷） |
|---|---|---|---|---|
| 2009 | 1.18 | 0.79 | 5544 | 0.93 |
| 2010 | 1.62 | 1.04 | 7753 | 1.34 |
| 2011 | 1.73 | n. a | 9785 | 1.51 |
| 2012 | 1.80 | 1.20 | 10000 | 1.74 |
| 2013 | 1.80 | 1.15 | n. a | 1.76 |
| 2014 | 1.80 | 1.18 | n. a | n. a |
| 2017 | 1.80 | 1.30 | 10100 | 1.76 |

注：（1）n. a 表示没有获得数据；（2）资料来源：2010 年、2011 年、2012 年、2013 年和 2014 年《中国林业发展报告》；2018 年《中国林业和草原局发展报告》。

政府部门提出对包括集体林地在内所有林地办理不动产证，一些集体林区停止办理和换发林权证的工作，但林地不动产证工作尚未正式启动，既有部门之间协调与交接工作存在的问题，也存在林业部门林权证确权系统与不动产证办理系统不兼容的问题。不动产部门仅需要进行登记，勘界等外业工作需要由第三方承担，地方林业部门是否继续承担外业工作尚存在较大争论。我们实地调研发现：在贵州省锦屏县，对于每宗 10 亩以下的林地要收取 1000 元，对超过 10 亩以上的林地，每增加 1 亩林地需要另收取 20 元，与原来林业部门办理林权证仅收取每本 5 元的低成本形成鲜明对比，可能需要政府通过购买服务的形式解决如此高昂的不动产办理成本，广东省和平县正在探索政府购买服务的形式；否则将会出现农户或其他经营主体不愿意办理林地不动产证的问题，在其他地区，因为产权登记的成本较高，贫困或小农户不愿意办理土地产权登记，富裕或大户则愿意办理土地产权登记，需要我们关注集体林地不动产登记过程中可能出现的问题。同时应当建立林权证向不动产证过渡过程中一些应急性措施，解决集体林地林木经营主体急需确权和换发（林地林木）产权证的问题。

## 4.4　新一轮集体林权制度改革的配套改革

在新一轮集体林权制度改革的基础上，2009 年以来，中国政府陆续实施了森林保险、林权抵押贷款等多项集体林产权制度的配套改革，配套改革的主要目标在于增强农民经营林业的积极性，提高林业效益，增强林业市场竞争能力。

### 4.4.1　林地流转

起初，流转家庭自留林地和家庭承包林地的使用权是非法的，不过这种流转在 20 世纪 90 年代初开始在同一村庄内进行，1998 年修订的《森林法》将其合法化。进一步的改革将行政村和农户租赁林地使用权合法化，甚至在 20 世纪 90 年代允许活立木的交易。20 世纪 90 年代的政策转变使得农户和其他经济主体能够以很低的价格获得大片林地的长期使用权。通过新一轮集体林权制度改革，政府部门鼓励农户参与林地流转，以实现规模经济。2013 年、2014 年、2015 连续三个"中央一号文件"强调加强农村土地流转的管理，中办发〔2014〕61 号文件全面系统提出农村土地经营权有序流转发展农业适度规模经营的意见，国家林业局 2016 年进一步发布了关于规范集体林权流转市场运行的意见等。2018 年“中央一号文件”，明确提出“完善农村承包地”“三权分置制度”“深入推进集体林权、水利设施产权等领域改革”。

一些省市区已推行林地经营权证制度，积极稳妥推进林地流转，着力培育新型林业经营主体，发展林地适度规模经营，实现集体林经营管理的规模经济。2015 年，江西省启动颁发集体林经营权证工作，并在全省 11 个县市区开展试点工作。为进一步保障经营权流转证的法律效能，在颁发经营权流转证的同时，还为流转双方提供了“经营权流转鉴证书”。但经营权证尚未有明确的法律依据，需要在《物权法》等法律条款增加了经营权，经营权的目的在于促进规模经济。浙江省 24 个县开展了“三权”分置试点，在试点的基础上，2015 年，出台了《浙江省林地经营权流转证发证管理办法》，明确了林地经营权权能，按照流转合同约定流转，经营权流转证实现林权抵押、评优示范、享受财政补助、林木采伐和其他行政审批等事项的权益证明功能，在试点的基础上，在全省进行推广，据不完全统计，浙江省发放林地经营权流转证 1000 余本，经营权流转证面积超过 2 万公顷。福建、四川等省的一些地区开展集体林经营权证发证的工作，取得了一定预期效果；但尚需从法律的角度加以明确。

2016 年出台了《关于完善农村土地所有权承包权经营权分置办法的意见》，提出探索自愿有偿退出承包林地的思路，2018 年通过的《中华人民共和国农村土地承包法》对农村土地“三权”分置做出了明确规定。据我们所知，尚未有比较成功的实践与案例。随着城镇化的加深，农户退出林地承包权和自留山将成为一种趋势，但退出林地经营需要一定的外部条件支撑，如健全的社会保障体系和农户生存技能等。

### 4.4.2　木材采伐限额制度

中国集体林地的经营责任逐渐由集体转向个体农户，但是，木材采伐受年度采伐限额的制约。为了应对我国南方集体林区大规模的森林采伐，年度采伐限额于 1985 年提出，并于 1987 年开始实施。我国年度采伐限额每五年调整一次。农户计划砍伐他们的树木时，他们需要花大量时间申请采伐许可，通常还申请不到。采伐和处置林产品的权利与使用权同等重要。政府部门于 2009 年对年度采伐限额进行改革，使申请过程简化和透明化。我们将评估申请年度采伐限额的简易程度对农户林业生产性投入的影响。

### 4.4.3　税费及补贴政策

20 世纪 90 年代以来，过重的税费负担是农户经营林地资源的抑制因素。2004 年，中央政府决定彻底降低农村税费。2005 年，全国人民大会决定废除《中华人民共和国农业税法》。截至 2006 年，剩余的农业和林业税费在全国范围内被全部撤销。随着农业税费的减少和废除，2004 年以来多种农作物生产补贴被引入。我国中央政府自 2009 年起开始进行对农户经营集体林资源进行不同类别的补贴。森林保险及林地抵押贷款是近年来施行的措施。中央和地方支付大约 75% 的森林保险费，剩余部分由农户支付。

## 4.5 集体林地流转现状

在人民公社体制下，当时主流意识形态和宪法等制定规则的规则认为林地和劳动力不属于商品，集体林地林木采用无偿划拨或平调。改革开放40年来，打破了集体单一所有者，农户等经营主体获得了林地承包权和林木所有权，经营主体多元化使集体林地林木流转成为潜在可能性，能否成为现实需要相关制度支撑。随着政府相关政策、法律和意识形态调整，集体林从禁止流转转包，到可以转包，再到可以本集体经济组织内流转，进而发展到在非本经济组织外流转。新一轮集体产权制度改革以后以及出台林地“三权”分置政策以后，政府积极鼓励集体林地林木流转，以期建立新型经济组织，实现规模经济。从集体林产权束的角度来看，集体林地林木流转从单一产权发展为多种产权束的流转，林木所有权、经营权可以流转，林地承包权可以流转。从经济林流转拓展到用材林，再进而拓展到生态公益林的流转，这一方面与规则的变迁有关，也与森林资源利用方式和技术进步有关。

### 4.5.1 集体林地流转总体情况

在林地细碎化背景下，各种形式的集体林地林木流转是扩大林地规模的重要手段之一，截至 2009 年、2011 年、2012 年、2013 年和 2014 年底，全国累计发生集体林地流转面积分别为 813.33 万公顷、1080.00 万公顷、1280.00 万公顷、1460.00 万公顷和 1520.00 万公顷；分别占已确权集体林地面积的 5.00%、6.05%、7.12%、8.10% 和 8.43%。截至 2016 年底，全国累计发生集体林地流转面积 1886.67 万公顷，占已确权面积（1.83 亿公顷）的 10.5%，占承包到户集体林地面积（1.30 亿公顷）的 14.5%[12]。

为了深入分析林地流转的现状，本节从林地流转概率和林地流转面积两个方面，分析样本农户的林地流转发生率。林地流转通常是以户为单位进行的，因此在这里定义林地流入发生率 = 发生林地流入的农户数量/农户总户数，林地流出发生率 = 发生林地流出的农户数量/农户总户数；林地面积流入比例 = 流入地块总面积/家庭经营的林地总面积，林地面积流出比例 = 流出地块总面积/家庭经营的林地总面积。

从林地流转发生率来看（见表 4 - 3），样本区农户林地流入的比例为 4.51%，林地流出的农户比例为 1.37%，农户的林地流入发生率明显高于林地流出。从流转面积来看，农户流入林地面积占林地总面积的 9.62%，流出林地面积占总面积的 0.53%，流入林地面积也远高于流出林地。从不同案例县来看，各个县的流转情况差异较大。清原县、丹棱县、遂昌县和顺昌县的林地流入面积比例较高，而洪江县比例不高，环江县截止到 2013 年样本农户中没有林地流入行为。林地流出面积在各案例县普遍偏低，只有顺昌县有可观的一部分。

林地流入远高于林地流出，这一方面与样本选择有关，有一部分流出林地的农户全部不在本地，而是长期外出务工，这部分样本不在我们的调研范围内；另一方面，流出林地的主体有很大比例是村集体（见表4－4），无论是确权时村集体预留的部分林地，还是其他合同到期流回村集体的林地，这一部分又经由村集体流转给农户，因此从农户角度的总量上来看，林地流入发生率及面积要远高于林地流出。

**表4－3　案例县农户林地流转情况**　单位：%

| 省份 | 案例县 | 林地流入 | | 林地流出 | |
| --- | --- | --- | --- | --- | --- |
| | | 发生率 | 面积流入比例 | 发生率 | 面积流出比例 |
| 辽宁 | 清原 | 14.96 | 11.75 | 1.43 | 0.22 |
| 四川 | 丹棱 | 2.28 | 22.54 | 2.73 | 1.81 |
| 浙江 | 遂昌 | 5.09 | 10.76 | 0.97 | 0.24 |
| 福建 | 顺昌 | 7.08 | 22.05 | 3.13 | 3.74 |
| 湖南 | 洪江 | 2.42 | 5.36 | 0.00 | 0.00 |
| 广西 | 环江 | 0.00 | 0.00 | 0.00 | 0.00 |
| | 总计 | 4.51 | 9.62 | 1.37 | 0.53 |

数据来源：国家林业局经济发展研究中心2003年、2007—2013年跟踪调研数据。

### 4.5.2　集体林地流转的对象

在问卷设计过程中，针对林地流转的对象设计了相关的问题。在这里，我们将问卷中涉及的交易对象进行了归纳，总共分为五种，分别为本村农户、其他村农户，本村集体，外村集体，公司或企业。

从表4－4可知，农户林地流入的主要来源是本村农户和本村集体，其比例几乎各占50%，另外少数来自外村农户和外村集体。从调研情况可知，同村农户中相当比例的是有血缘关系的亲属或亲戚，农户基于血缘和地缘的关系形成了特殊信任，如丹棱县流入林地60%以上来自同村农户；在清原县和顺昌县等，国有林场与农户联营的地块合同到期后流回村集体，由村集体流给农户的这部分林地占比约60%。

表 4－4　　案例县林地流入来源　　单位：%

| 省份 | 案例县 | 同村农户 | 外村农户 | 本村集体 | 外村集体 |
|---|---|---|---|---|---|
| 辽宁 | 清原 | 30.43 | 0.00 | 60.87 | 8.70 |
| 四川 | 丹棱 | 63.16 | 36.84 | 0.00 | 0.00 |
| 浙江 | 遂昌 | 59.38 | 3.13 | 37.50 | 0.00 |
| 福建 | 顺昌 | 28.07 | 12.28 | 59.65 | 0.00 |
| 湖南 | 洪江 | 66.67 | 0.00 | 33.33 | 0.00 |
| 广西 | 环江 | 0.00 | 0.00 | 0.00 | 0.00 |
|  | 总计 | 42.86 | 8.57 | 46.29 | 2.29 |

注：（1）表中比例均为流入发生比例，也即农户比例；（2）数据来源：国家林业局经济发展研究中心 2003 年、2007—2013 年跟踪调研数据。

从表 4－5 可知，农户林地流出到本村集体内部的占 46.55%，其中流出到同村农户的占 34.48%，流出到本村集体的为 12.07%。林地流出到集体外部的占 53.45%，其中有 34.48% 的林地流出对象是公司，另外有 12.07% 的林地流出到外村农户。清原县林地流出对象全部是公司；丹棱县有近 60% 的林地也流出到了公司，有 36.36% 的林地流出到了外村农户，也就是绝大多数流出到了本部集体外部。与此形成对比的是遂昌县的林地流出对象皆为同村农户；顺昌县流出到本村集体内部的也占到了 86.36%。

表 4－5　　案例县林地流出去向　　单位：%

| 省份 | 案例县 | 同村农户 | 外村农户 | 本村集体 | 外村集体 | 公司 |
|---|---|---|---|---|---|---|
| 辽宁 | 清原 | 0.00 | 0.00 | 0.00 | 0.00 | 100.00 |
| 四川 | 丹棱 | 4.55 | 36.36 | 0.00 | 0.00 | 59.09 |
| 浙江 | 遂昌 | 100.00 | 0.00 | 0.00 | 0.00 | 0.00 |
| 福建 | 顺昌 | 54.55 | 13.64 | 31.82 | 0.00 | 0.00 |
| 湖南 | 洪江 | 0.00 | 0.00 | 0.00 | 0.00 | 0.00 |
| 广西 | 环江 | 0.00 | 0.00 | 0.00 | 0.00 | 0.00 |
|  | 总计 | 34.48 | 18.97 | 12.07 | 0.00 | 34.48 |

注：（1）表中比例均为流出发生比例，也即农户比例；（2）数据来源：国家林业局经济发展研究中心 2003 年、2007—2013 年跟踪调研数据。

### 4.5.3 集体林地流转的契约形式

从林地流入方面来看，林地流转中签订书面合同的比例已达90%以上（见表4－6），其中顺昌县和遂昌县签订合同的比例已达100%，清原县也达到91.04%，丹棱县和洪江市这一比例较低。合同平均期限是35年左右，“长期契约”符合林地的经营特点，有利于激励农户对林地进行长期投资。合同支付以一次付清形式为主，在清原县和丹棱县，一次付清的合同比例达90%以上；而在顺昌县和洪江县，以产品分成形式支付的合同占一半以上。鉴于林地流转动辄30几年的合同期限，一次付清这种合同支付方式，对流转双方来说都存在一定风险，其他两种方式可以实现交易双方共同分担风险。但是从数据来看，一次付清这种看似简单的支付方式在农户林地流转交易中普遍存在，这给林地流转造成了诸多隐患，需要我们在下一步的政策制定中关注到这个问题。

表4－6　案例县林地流入合同形式、期限及支付方式

| 省份 | 案例县 | 书面合同比例（%） | 合同平均期限（年） | 合同支付方式（%） | | |
|---|---|---|---|---|---|---|
| | | | | 一次付清 | 逐年或按次支付 | 产品分成 |
| 辽宁 | 清原 | 91.04 | 42.45 | 96.67 | 3.33 | 0.00 |
| 四川 | 丹棱 | 63.16 | 26.40 | 91.67 | 8.33 | 0.00 |
| 浙江 | 遂昌 | 100.00 | 30.17 | 64.29 | 35.71 | 0.00 |
| 福建 | 顺昌 | 100.00 | 32.60 | 43.86 | 0.00 | 56.14 |
| 湖南 | 洪江 | 71.43 | 51.67 | 46.67 | 0.00 | 53.33 |
| 广西 | 环江 | 0.00 | 0.00 | 0.00 | 0.00 | 0.00 |
| | 总计 | 90.78 | 35.17 | 68.82 | 9.68 | 21.51 |

注：（1）表中比例均为流入发生比例，也即农户比例；（2）数据来源：国家林业局经济发展研究中心2003年、2007—2013年跟踪调研数据。

从林地流出方面来看，书面合同的签订比例也较高，除顺昌县外，清原、丹棱和遂昌县均已达100%。合同平均期限是23.44年（见表4－7），

与林地流入相比，林地流出的合同期限要短的多。作为风险承担能力相对较弱的农户而言，林地对一个家庭来说有时是一种保障，这时土地承担的不仅仅是生产的功能，更是农户在城镇化过程中进可攻退可守的最后底线。因此，农户在选择流出林地时会更加谨慎，合同的期限也很可能会低于林地流入合同。同时，支付方式中一次付清也占绝大多数，其他支付方式在个别地区占有一定比例。

**表 4-7　　案例县林地流出合同形式、期限及支付方式**

| 省份 | 案例县 | 书面合同比例（%） | 合同平均期限（年） | 合同支付方式（%） | | |
|---|---|---|---|---|---|---|
| | | | | 一次付清 | 逐年或按次支付 | 产品分成 |
| 辽宁 | 清原 | 100.00 | 5.00 | 100.00 | 0.00 | 0.00 |
| 四川 | 丹棱 | 100.00 | 29.00 | 95.45 | 4.55 | 0.00 |
| 浙江 | 遂昌 | 100.00 | 20.00 | 66.67 | 33.33 | 0.00 |
| 福建 | 顺昌 | 63.64 | 12.00 | 54.55 | 13.64 | 31.82 |
| 湖南 | 洪江 | 0.00 | 0.00 | 0.00 | 0.00 | 0.00 |
| 广西 | 环江 | 0.00 | 0.00 | 0.00 | 0.00 | 0.00 |
| | 总计 | 86.21 | 23.44 | 78.43 | 7.84 | 13.73 |

注：(1) 表中比例均为流出发生比例，也即农户比例；(2) 数据来源：国家林业局经济发展研究中心 2003 年、2007—2013 年跟踪调研数据。

综上可见，林地流转合同的期限普遍较长，其中林地流入的合同期限要明显长于流出合同的期限，并且从农户视角来看，林地流出面积要远少于林地流入面积，造成这种情况有两个原因：一方面由于农户将林地资源视作一种“资源禀赋”，不愿意流出林地或不愿意长期流出林地；另一方面是有一部分举家外出务工的农户没有在我们的调研范围内，他们流出林地的可能性或许更大，而我们并不能采集到这一部分人群的数据。

需要说明的是，由于林业生产周期比较长，除了成熟林采伐流转以外，集体林地林木流转的合约期都比较长，由于政策或市场等环境条件的不可预期的变化，出现较大潜在利益的情况下，如新一轮集体林权制度改革以后，启动了减免林业税费和林业补贴等配套改革措施，以及木材等林产品价格上涨，新增森林资源经营的利润空间，就会出现合约争议，农户希望重新调整已有合约，从中获取额外收益，有些地方采用了重新谈判的形式，修正了已有合约，个别地方甚至出现采用暴力的形式解决合约纠纷(如某县的一公司与当地农户之间的集体林流转纠纷，在全国造成较大社会影响)，因此，中国集体林地林木流转合约具有不完全合约的性质与特点，谈判集体林林地林木流转合约取决于合约各方在谈判中的地位、谈判力和威胁点[191]。在完善集体或农户和国有林场联营不完全合约过程中，机会主义和有限理性并存；由于林地林木资产的专用性，出现国有林场和集体或农户的双向依赖性，鉴于此，集体林地林木流入方和流出方需要通过谈判重续不完全合约。

农户的契约意识已逐渐形成，在进行土地交易时绝大部分已经知道了需要签订合同，林地流转在合同签订方面已日趋规范，能够为自己的交易提供法律保障。但是，农户对合同中的条款依然没有能够做到仔细甄别，不能利用合同来规避可能的风险。这就需要在今后的政策制定中，从林地产权交易中心做起，在农户进行林地流转时，提供可能的法律及政策帮助，以更好地保障农户的权益。

## 4.6　集体林地长期投入现状

根据投入收益回报时间的长短，本节主要介绍农户林业长期投入的现状。本节将从造林面积、造林资本投入、造林劳动力投入和抚育劳动力投入四个方面用描述性统计的方法，对样本农户林业长期投入行为进行分析。

### 4.6.1　造林面积及林种

表 4 – 8 汇报了各样本县农户造林面积及造林林种的情况。从调研数据可知，农户造林林种主要有用材林、经济林和竹林，其中用材林又根据生长周期不同分为速生丰产林和非速生用材林。各县造林情况差异较大，两个平原省份山东和河南，造林面积较小，造林林种也以速生林和经济林为主。在森林资源丰富的南方集体林区，浙江省、湖南省、江西省和广西壮族自治区的造林面积也远高于其他省份，其中湖南省、江西省和广西壮族自治区农户种植速生丰产林占造林面积的近 60% ～ 99% 。辽宁省两个县的造林面积比较可观，并且近 96% 以上是非速生用材林，如落叶松、红松等。

树木生长在很大程度上是依赖于气候、水文、海拔等自然环境，因此不同案例县的造林情况的差异不仅来自于政策上的影响，更与自然条件紧密相关。同时，在自然条件允许的情况下，农户更愿意种植经济效益高、生长周期短的林种。

表 4-8　　案例县造林面积及林种

| 省份 | 案例县 | 造林总面积（亩） | 各林种造林比例（%） | | | |
|---|---|---|---|---|---|---|
| | | | 速生林 | 非速生用材林 | 经济林 | 竹林 |
| 山东 | 蒙阴 | 9.30 | 10.75 | 0.00 | 89.25 | 0.00 |
| | 莱州 | 0.00 | 0.00 | 0.00 | 0.00 | 0.00 |
| 辽宁 | 清原 | 281.40 | 3.55 | 96.45 | 0.00 | 0.00 |
| | 本溪 | 489.40 | 0.00 | 100.00 | 0.00 | 0.00 |
| 河南 | 舞阳 | 89.50 | 100.00 | 0.00 | 0.00 | 0.00 |
| | 浉河 | 20.00 | 70.00 | 0.00 | 30.00 | 0.00 |
| 四川 | 威远 | 20.91 | 90.44 | 9.56 | 0.00 | 0.00 |
| | 丹棱 | 244.40 | 41.08 | 26.47 | 32.45 | 0.00 |
| 浙江 | 德清 | 12.00 | 0.00 | 0.00 | 0.00 | 100.00 |
| | 遂昌 | 628.00 | 37.26 | 7.96 | 51.75 | 3.03 |
| 福建 | 沙县 | 139.00 | 97.84 | 0.00 | 2.16 | 0.00 |
| | 顺昌 | 195.10 | 93.85 | 0.00 | 4.61 | 1.54 |
| 湖南 | 平江 | 856.80 | 99.44 | 0.44 | 0.12 | 0.00 |
| | 洪江 | 710.10 | 95.25 | 0.42 | 2.35 | 1.97 |
| 江西 | 遂川 | 995.60 | 99.24 | 0.61 | 0.10 | 0.05 |
| | 铜鼓 | 495.77 | 84.49 | 2.30 | 0.20 | 12.91 |
| 广西 | 环江 | 688.85 | 89.64 | 0.87 | 6.58 | 0.00 |
| | 平果 | 419.30 | 59.53 | 40.11 | 0.36 | 0.00 |
| | 总计 | 6295.43 | 72.90 | 17.09 | 7.90 | 1.79 |

数据来源：国家林业局经济发展研究中心 2003 年、2007—2015 年跟踪调研数据。

### 4.6.2　造林资本投入

农户造林资本投入在各样本县差异也很大，无论是自己投入总量还是每亩的资本投入量都存在不同。浙江省和福建省的亩均资本投入是几乎所有样本亩均投资均值的两倍，农户单位面积造林的投入大。辽宁省和江西省的造林资本投入总量也都较大，但单位面积的投入额处于中等水平。四川省、湖南省和广西壮族自治区的造林投入资本总额较大，但亩均资本投入水平较低。山东省与河南省造林投资水平则较低，尤其是山东省，造林投资基本可以忽略（见表 4－9）。

农户造林首先需要有宜林荒山荒地或者采伐迹地，然后还要有充足的资金来用于购买种苗和雇用劳动力等花费。在山东省与河南省，本身林地面积就不大，加之人口密度大，可用于造林的荒山或采伐迹地更小了，其造林面积小，造林资本投入也少。而浙江省与福建省，是传统南方集体林区，自然条件优越，再有经济发达，农户的现金收入可观，调研中我们发现，农户在进行林业生产时会雇用一部分劳动力来补充自身劳动力的不足，这在造林时就统计为造林资本投入了。

**表 4－9　　　　　　　　案例县农户造林资本投入**

| 省份 | 案例县 | 造林资本投入（元） | 单位面积造林资本投入（元/亩） |
|---|---|---|---|
| 山东 | 蒙阴 | 930.00 | 100.00 |
| | 莱州 | 0.00 | 0.00 |
| 辽宁 | 清原 | 69027.50 | 245.30 |
| | 本溪 | 128581.97 | 262.73 |
| 河南 | 舞阳 | 9790.00 | 109.39 |
| | 浉河 | 2550.00 | 127.50 |
| 四川 | 威远 | 3840.00 | 183.64 |
| | 丹棱 | 90770.03 | 371.40 |
| 浙江 | 德清 | 6000.00 | 500.00 |
| | 遂昌 | 307870.03 | 490.24 |
| 福建 | 沙县 | 109759.99 | 789.64 |
| | 顺昌 | 87330.02 | 447.62 |
| 湖南 | 平江 | 167165.01 | 195.10 |
| | 洪江 | 75176.01 | 105.87 |

续表

| 省份 | 案例县 | 造林资本投入（元） | 单位面积造林资本投入（元/亩） |
|---|---|---|---|
| 江西 | 遂川 | 327498.97 | 328.95 |
| | 铜鼓 | 102840.02 | 207.43 |
| 广西 | 环江 | 114070.00 | 165.59 |
| | 平果 | 68320.00 | 162.94 |
| | 总计 | 1671519.55 | 265.51 |

数据来源：国家林业局经济发展研究中心 2003 年、2007—2015 年跟踪调研数据。

### 4.6.3 造林和抚育劳动力投入

农户用于造林和抚育的劳动力投入在农户总劳动力投入中的比例均较小，在不同案例县的情况也存在很大不一样，但与其造林面积基本呈现正相关的关系。在南方集体林区的几个案例县，造林劳动力和抚育劳动力投入要普遍高于其他地区，这很大部分原因是由于南方集体林区自然条件优越，为林木生长提供了良好的生长环境，南方集体林区的农户林业收入占总收入的比重更高，林产品种类也更丰富（如竹笋、毛竹、桉树板材以及油茶等），林业收入是其家庭收入的重要组成部分，同时宜林荒山荒地为造林提供了土地，因此农户有更大的激励进行造林和抚育等相关林业生产活动（见表 4 - 10）。

表 4 - 10　　案例县农户造林和抚育劳动力投入

| 省份 | 案例县 | 造林劳动力投入（人天） | 单位面积造林劳动力投入（人天/亩） | 抚育劳动力投入（人天） | 单位面积抚育劳动力投入（人天/亩） |
|---|---|---|---|---|---|
| 山东 | 蒙阴 | 29.00 | 3.12 | 22.00 | 2.37 |
| | 莱州 | 0.00 | 0.00 | 0.00 | 0.00 |
| 辽宁 | 清原 | 326.00 | 1.16 | 318.00 | 1.13 |
| | 本溪 | 598.00 | 1.22 | 541.00 | 1.11 |

续表

| 省份 | 案例县 | 造林劳动力投入（人天） | 单位面积造林劳动力投入（人天/亩） | 抚育劳动力投入（人天） | 单位面积抚育劳动力投入（人天/亩） |
|---|---|---|---|---|---|
| 河南 | 舞阳 | 215.00 | 2.40 | 6.00 | 0.07 |
| | 浉河 | 76.00 | 3.80 | 12.00 | 0.60 |
| 四川 | 威远 | 25.00 | 1.20 | 21.00 | 1.00 |
| | 丹棱 | 1091.00 | 4.46 | 542.00 | 2.22 |
| 浙江 | 德清 | 20.00 | 1.67 | 0.00 | 0.00 |
| | 遂昌 | 1168.00 | 1.86 | 544.00 | 0.87 |
| 福建 | 沙县 | 324.00 | 2.33 | 584.00 | 4.20 |
| | 顺昌 | 807.00 | 4.14 | 271.00 | 1.39 |
| 湖南 | 平江 | 1976.00 | 2.31 | 1622.90 | 1.89 |
| | 洪江 | 4851.30 | 6.83 | 1970.60 | 2.78 |
| 江西 | 遂川 | 1621.00 | 1.63 | 965.00 | 0.97 |
| | 铜鼓 | 1033.00 | 2.08 | 800.00 | 1.61 |
| 广西 | 环江 | 1104.00 | 1.60 | 306.00 | 0.44 |
| | 平果 | 1755.00 | 4.19 | 818.00 | 1.95 |
| | 总计 | 17019.30 | 2.70 | 9343.50 | 1.48 |

数据来源：国家林业局经济发展研究中心 2003 年、2007—2015 年跟踪调研数据。

## 4.7 集体林地短期投入现状

林业短期投入主要包括资本投入和劳动力投入，林业短期资本投入通常包括林业化肥花费、农药花费、雇工费用以及其他林业费用，林业短期劳动力投入则包括采集竹笋、种植林下作物、对经济林的日常管护、砍伐木材等以及各种除了造林和抚育以外的林业劳动力投入。本节将关注并比较各案例县林业短期投入的情况。

### 4.7.1 集体林地短期资本投入

农户对林业的短期花费从全部样本来看，单位面积的其他花费（如雇工等费用）占单位面积总投入的 68.49%，化肥和农药投入资本额不大。从不同案例县来看，各县短期资本投入项目和投入金额都存在较大不同。从上文可知，山东省和河南省各案例县的林业长期投入水平均较低，但是其单位面积的林业短期资本投入水平却很高，这与其所经营林种有关系，因为经济林（这两地经济林品种多为苹果、桃子等）能够占到其林地面积的近一半，而果树经济林在日常管护时需要大量投入。在户均用材林面积达到 15 亩以上的辽宁省和南方集体林区几个省份（如福建省、湖南省、江西省、广西壮族自治区等），其林业短期资本投入均不高，并且以雇工等其他费用为主。虽然南方集体林区省份有相当数量的竹林，但是竹林的管护不像经济林那样需要密集的日常投入，只有在砍伐时需要雇佣大量劳动力来进行采伐，因此其总体投入也不大（见表 4 – 11）。

**表 4 – 11　　案例县农户林业短期资本投入**　　单位：元/亩

| 省份 | 案例县 | 单位面积林业短期资本投入 | 单位面积化肥花费 | 单位面积农药花费 | 单位面积其他花费 |
|---|---|---|---|---|---|
| 山东 | 蒙阴 | 68.05 | 30.31 | 18.81 | 18.93 |
| | 莱州 | 215.52 | 101.45 | 47.84 | 66.24 |
| 辽宁 | 清原 | 3.59 | 0.52 | 0.09 | 2.97 |
| | 本溪 | 5.73 | 0.23 | 0.12 | 5.37 |
| 河南 | 舞阳 | 51.22 | 22.99 | 2.08 | 26.16 |
| | 浉河 | 193.82 | 27.00 | 8.75 | 158.07 |
| 四川 | 威远 | 6.63 | 4.41 | 0.57 | 1.65 |
| | 丹棱 | 51.55 | 26.73 | 9.37 | 15.45 |
| 浙江 | 德清 | 126.35 | 39.02 | 2.87 | 84.47 |
| | 遂昌 | 7.42 | 1.55 | 0.22 | 5.65 |
| 福建 | 沙县 | 27.53 | 5.53 | 2.29 | 19.71 |
| | 顺昌 | 24.54 | 3.04 | 1.38 | 20.11 |
| 湖南 | 平江 | 3.60 | 0.07 | 0.01 | 3.52 |
| | 洪江 | 3.59 | 0.90 | 0.42 | 2.27 |
| 江西 | 遂川 | 4.82 | 0.11 | 0.02 | 4.69 |
| | 铜鼓 | 4.83 | 0.22 | 0.02 | 4.59 |
| 广西 | 环江 | 2.87 | 1.10 | 0.23 | 1.54 |
| | 平果 | 4.60 | 2.43 | 0.14 | 2.03 |
| | 总计 | 14.55 | 3.61 | 0.97 | 9.97 |

数据来源：国家林业局经济发展研究中心 2003 年、2007—2015 年跟踪调研数据。

## 4.7.2　集体林地劳动力投入

农户对林业劳动力投入与其短期资本投入在简单数量关系上没有呈现出明显替代性，在农户资本投入多的地区，其劳动力投入也多。在山东省和河南省，其林业劳动力投入水平也较高，这是由于经营的林种是果树经济林，需要大量的日常劳动力投入。在辽宁省以及南方集体林区几个省份，其户均林业劳动力投入水平有差异，但差异不大（见表4－12）。

**表4－12　　　　　　　　案例县农户林业劳动力投入**

| 省份 | 案例县 | 户均林业劳动力投入（人·天） | 单位面积林业劳动力投入（人·天/亩） |
|---|---|---|---|
| 山东 | 蒙阴 | 100.83 | 7.35 |
| | 莱州 | 2.90 | 9.09 |
| 辽宁 | 清原 | 14.70 | 0.46 |
| | 本溪 | 27.93 | 0.40 |
| 河南 | 舞阳 | 7.48 | 1.65 |
| | 浉河 | 63.25 | 4.96 |
| 四川 | 威远 | 23.22 | 2.69 |
| | 丹棱 | 58.05 | 4.72 |
| 浙江 | 德清 | 54.08 | 3.01 |
| | 遂昌 | 34.01 | 0.27 |
| 福建 | 沙县 | 38.32 | 1.27 |
| | 顺昌 | 27.74 | 1.26 |
| 湖南 | 平江 | 22.27 | 0.30 |
| | 洪江 | 24.70 | 0.88 |
| 江西 | 遂川 | 28.91 | 0.39 |
| | 铜鼓 | 37.54 | 0.33 |
| 广西 | 环江 | 17.35 | 0.42 |
| | 平果 | 15.64 | 0.86 |
| | 总计 | 31.99 | 0.83 |

数据来源：国家林业局经济发展研究中心2003年、2007—2015年跟踪调研数据。

# 第 5 章

# 新一轮集体林地确权对林地流转的影响

## 5.1 引　言

明晰安全的农村土地制度是建立土地交易市场的重要前提之一[192]。安全的土地产权不仅能有效地激励经营主体生产经营的积极性，而且有助于产权交易的实现[193]。农地确权明确农户农地使用权的排他性和预期性，增加农民地权稳定性的信心，稳定清晰的产权是土地流转交易的前提[194]，经营主体参与农地市场交易的可能性越高[195]；拥有土地产权证增加了土地租赁市场的参与率[196]，否则不安全的产权降低了土地租赁市场交易的可能性[197]；在一些土地产权尚未明晰的地区，农户失去流出土地权利的风险成为土地交易的一个巨大障碍[198]。已有文献对农地确权对其市场的影响已开展了较为深入的研究，为开展确权对林地流转的政策效果分析提供了良好借鉴。

改革开放40年以来，中国集体林初始确定承包权是基于公平视角，在一个共有集体林权属范围内，按照人口平均分配集体林地；一些地区再重新分配集体林地林木时，也基本上按照人口进行分配。集体林产权制度安排与变迁实现了公平的目标，但以牺牲经济效率为代价。由于集体林区农户等经营主体的异质性，他们的林业经营管理能力、认知和知识等方面的差异，甚至出现在一些农户获得集体林地使用权之前就从来没有经营森林的经验或经历，部分原因在于人民公社时期实行了林业专业队等经营管理模式，获得林地之后，他们像一些俄罗斯农民获得土地经营权之后一样茫然，这样会造成农户经营失败或低效[199]。因此，林业劳动力、林地和资本等生产要素投入回报也不同。若林地能够自由流转，把林地转移到能够产生最大价值的农户或其他经营主体的手中，则可获得流转效益。

与农业生产相比，林业生产具有生产周期长、以初期投入为主和自然因素发挥更为重要作用的显著特点。新一轮集体林权制度改革把林地承包期延长至 70 年，明显长于农地 30 年的承包期。与农地流转相比，林地流转期限较农地的流转期限要长，林地流转合约远较农地复杂等。20 世纪 80 年代的集体林权制度改革不允许农户进行林地流转，但一些地区进行了林地流转的探索。20 世纪 90 年代的政策转变使农户和其他经济主体能够以较低的价格获得集体林地的长期使用权[200]。作为新一轮集体林权制度改革的配套措施，政府部门鼓励农户参与林地流转。

已有一些关于林地流转的研究[148,200]，但鲜有研究新一轮集体林产权制度确权对林地流转的政策效果，且已有研究尚未考虑到林地确权与林地流转之间有内生性和内生性对林地流转的计量经济学估计的偏误；已有有关林地流转研究几乎均采用短期小样本，不利于反映林地流转长期趋势。本章借鉴 Holden 等[26]的研究思路，采用“农户是否获得林权证”作为衡量确权的变量，划分为流入和流出两种行为进行分析。本章研究的基本思路为：第一步，检验确权变量与流转之间的内生性问题，使用 IV-Probit 和 IV-2SLS 来检验工具变量的外生性和有效性；第二步，应用内生转换模型，分别得到已确权农户的平均处理效应（Average Treatment on the Treated, ATT）和未确权农户的平均处理效应（Average Treatment on the Untreated, ATU）；第三步，用双重差分模型，分析确权对农户林地流入面积和林地流出面积的影响以及已确权年限对农户流转行为的影响。本章采用国家林业局经济发展研究中心的“中国集体林权制度改革相关政策问题研究”调研项目的长达 7 年的、涉及 6 个省区 6 个县的 621 ～ 737 个样本农户不平衡跟踪大面板数据，所选案例县涉及东北、南方以及西南的集体林区类型，具有较为广泛的代表性，在一定程度上，本章所得出的新一轮集体林确权对林地流转政策效果的影响结论具有较好全国性意义。

## 5.2 数据与研究方法

### 5.2.1 数据

本章所用数据全部来自国家林业局经济发展研究中心“中国集体林权制度改革相关政策问题研究”的实地跟踪调研数据。考虑到本章研究内容是集体林地确权对样本农户流转的影响，集体林地流转为关键变量，经过对林地流转数据进行细致的考察和整理，受制于问卷调研指标有一定程度的调整，最后整理出了6个县7年包含详细林地流转的数据。因此，在研究确权对林地流转的影响时，本章使用了辽宁省清原县、四川省丹棱县、浙江省遂昌县、福建省顺昌县、湖南省洪江县和广西壮族自治区环江县等6个县作为研究对象。涉及的年份和农户数分别为：2003年有737户、2007—2009年每年736户，2010年623户，2011年622户，2013年621户。

本章所选择的6个案例县，森林资源丰富，并且基本能涵盖中国集体林区的区域类型。清原县地处东北地区，该县森林覆盖率达72.3%，林下资源十分丰富，林业收入占农户收入比重高。丹棱县地处西南地区，人均林地面积近3亩。广西、浙江、湖南和福建为南方集体林区重点省区，在中国森林资源培育和林业生态建设中占据重要地位。遂昌县森林覆盖率81.3%，人均林业用地 16.95 亩，林业在农户收入中占据重要地位。顺昌县集体林总面积 193.35 万亩。洪江市为“中国经济林之乡”，是湖南省重点集体林区县之一。因此，本章所选择的案例县能够较好反映中国集体林权制度改革进展情况，具有代表性，本章所得出的结论可以较好地适用于全国集体林区。

### 5.2.2　描述性证据

1. 案例县集体林地确权现状

截至 2013 年底，除顺昌县和环江县的集体林地确权相对滞后以外，其余案例县已确权林地面积占集体林地总面积的比例均已在 80% 以上。由于林地产权状况和森林资源状况等方面存在差异，这为研究集体林地确权对林地流转的影响提供了天然试验场。

截至 2013 年底，最早开始集体林权制度改革的顺昌县集体林地确权面积仅为 57.53%，出现这种状况的原因主要包括：一是在新一轮集体林权改革之前，已有相当大部分林地流转出去且尚未到合同期限，顺昌县采用“预期均山”的形式进行确权，即原流转合同到期后，农户获得林地的使用权，因此，对于“预期均山”的林地尚未办林权证。二是新一轮集体林权改革时，顺昌县一些案例村依然维持 20 世纪 80 年代出现的股份合作制经营模式，但完善了收入分配模式，因此，对于实行股份合作制的林地，集体林地确权到股份合作制实体而非农户。2009 年，环江县启动新一轮集体林权制度改革，集体林确权开始较晚，加之林权纠纷较多，已确权面积也仅为 72.12% （见表 5 -1）。

20 世纪 80 年代改革以后，一些地方并没有完全收回已分配到农户的林地，新一轮集体林权制度改革后，除了进行确权到户，还需要给林地已确权农户换发新林权证。截至2013年底，清原县和丹棱县已确权林地面积比重分别为86.01%和91.48%。遂昌县和洪江县分别在2007年和2008年开始新一轮集体林地确权到户的工作，截至2013年底，已分别确权了集体林地应确权的82.64%和89.37%（见表5-1）。

表5-1　已确权集体林地占集体林地总面积的比例　单位:%

| 案例县 | 2003年 | 2007年 | 2008年 | 2009年 | 2010年 | 2011年 | 2013年 |
|---|---|---|---|---|---|---|---|
| 清原 | 10.49 | 64.51 | 73.60 | 75.65 | 76.16 | 82.19 | 86.01 |
| 丹棱 | 8.31 | 10.30 | 83.28 | 85.19 | 88.71 | 92.56 | 91.48 |
| 遂昌 | 0.55 | 76.74 | 76.74 | 77.12 | 76.16 | 87.10 | 82.64 |
| 顺昌 | 32.89 | 56.74 | 56.58 | 54.85 | 62.43 | 61.15 | 57.53 |
| 洪江 | 0.19 | 0.35 | 43.52 | 79.00 | 85.58 | 85.64 | 89.37 |
| 环江 | 0.12 | 2.32 | 2.32 | 18.00 | 37.37 | 49.37 | 72.12 |

注：（1）遂昌县、丹棱县和顺昌县的个别年份的确权比例有下降的现象，原因在于有些农户在当年调研时不在家没有参与访谈等原因，导致已确权农户的比例有波动；（2）数据来源：国家林业局经济发展研究中心2003年、2007—2013年跟踪调研数据。

2. 案例县集体林地确权与流转关系动态变化

在新一轮集体林权制度改革之前，集体林地已出现了流转，主要有流转价格过低、流转时间过长和流转面积过大等问题。2003年以后，农户逐步获得集体林地的使用权，农户所使用的集体林地产权更为明晰且安全，集体林地流转面积有所增加[148]。2003年、2008年和2013年样本农户流入林地的比例分别为3%、4%和6%；流出林地的农户比重为0%、1%和3%（见表5-2）。若按照流入林地面积和流出林地面积计算，样本农户流入林地面积和流出林地面积分别占其总林地面积的比重分别为9.62%和0.53%。与农地流转相比，中国集体林地流转比例不高，原因在于集体林权制度改革滞后于农地改革，集体林地确权以后，农户有一个学习和反应过程，但样本农户林地流转在不断增加，国家林业局[1]的统计数据亦证实了这一上升趋势。

随着集体林地确权的增加，农户参与林地流出和林地流入的参与率上升，尤其是农户参与林地流入的比率上升更为明显（见图 5－1）。以特定案例县实施新一轮集体林权制度改革的年度设定为第 0 年，新一轮集体林权制度改革前一年为－1 年，改革后的第一年为＋1 年，依次类推，绘制了集体林地确权年度长短对集体林地流入与流出之间的二维图（见图 5－2）。根据样本农户数据，农户林地流入和流出表现出较高的区域差异（见图 5－2），从各样本县来看，清原县农户参与林地流转比例较高，其流入林地的农户比例最高；遂昌县农户林地流入参与率次之（见图 5－2a）。从农户林地流出参与率的角度来看，农户林地流出参与率低于农户林地流入参与率，丹棱县和顺昌农户林地流出参与率较高（见图 5－2b）。图 5－2 的结果显示：随着林地确权年限的延长，样本农户参与林地流入和流出基本上呈出上升态势，同时林地确权年限越长，也意味着林地确权率的提升，从一定程度上，可以说林地确权率高和确权年限的延长增加了农户参与林地流入和流出的可能性。图 5－2 的结果亦显示：农户参与林地流出和流入具有明显的路径依赖性，若从农户参与林地流入和流出年度增量的角度来看，案例县集体林地确权和确权年限对林地流入和林地流出的影响表现地较为一致。

相较于流入集体林地，本研究样本农户的调查结果显示：在农户林地流出参与率小于林地流入参与率。根据国家林业局经济发展研究中心调研团队的实地观察：一是农户将林地视作一种财产，农户调查结果显示：有 74% 的农户不愿意将其经营的林地流出；二是 20 世纪 80 年代和新一轮集体林权制度改革过程中，村或村民小组保留一定比例的集体林地或其他经

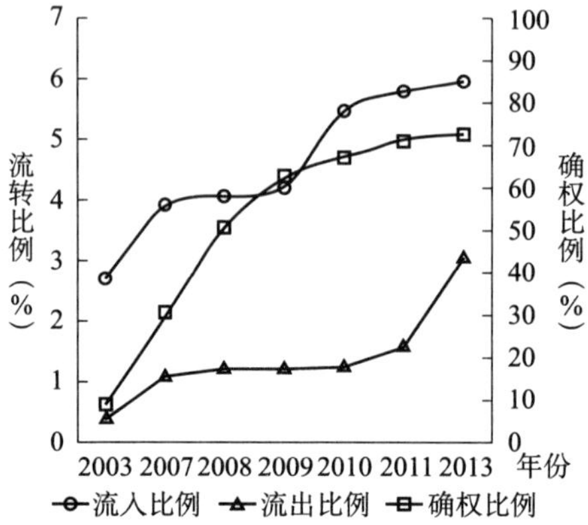


图 5－1　集体林地确权与流转的关系

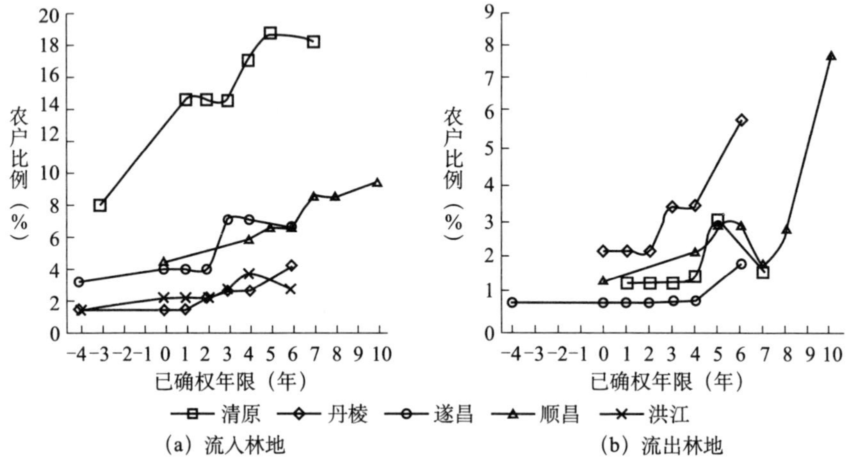


图 5－2　集体林地确权与流转林地农户比例关系

营主体（如大户等）持有一定量的集体林地，以不同方式流转给农户，为林地流转的重要组成部分[201]。

3. 变量选择

本章的因变量有四个，分别从农户流转概率和流转面积两个角度分析，从流入和流出两个方面衡量农户流转行为，因此因变量分别为农户是否流入林地、是否流出林地、林地流入面积和林地流出面积。

政策变量有两个，分别为集体林地是否确权和已确权年限，将从产权的法律安全和事实安全两个角度评估政策效果。同时，将已确权年限分成若干个二分虚拟变量，设置确权第一年、确权第二年……确权第十一年，考察确权政策的动态效果。

除了政策变量外，其他影响农户流转的自变量包括农户家庭特征、村庄特征和农户资源状况等，主要控制变量的变量说明及定义见表 3－3，描述性统计见表 5－2。

在农户家庭特征中，户主随着年龄的增加，经营林业的体力和精力不断衰减，可能容易转出林地，越不可能转入林地[202]。受教育程度高的户主可能更容易接受新生事物，承担风险的能力更强，可能会更积极地参与林地流转，但也有可能有着更多非农就业的机会而放弃经营林业[203]。村干部对新一轮集体林权制度改革及配套改革政策的理解可能更透彻，也可能更有前瞻性，因此参与林地流转的可能性更大。家庭人口数量会影响农户林业行为决策，可能会促使农户转入林地。非农劳动力投入比例的不同也会对农户林地流转行为产生影响，但是其预期影响也不确定。

在村庄特征中，从描述性特征来看，不同案例县林地流转存在明显差异，这与地区区位及自然条件相关。鉴于此，本章选择海拔、村委会到县城距离等作为地区控制变量（见表 5－2）。

在农户资源状况中，林地面积大的林业经营大户，可能更依赖林业为生，为了实现规模经济，他们倾向于流入林地。

表 5－2　　主要变量的描述性统计

| 类别 | 变量 | 变量名 | 2003 | | 2007 | | 2010 | | 2013 | |
|---|---|---|---|---|---|---|---|---|---|---|
| | | | 均值 | 标准差 | 均值 | 标准差 | 均值 | 标准差 | 均值 | 标准差 |
| Y | $Y_1$ | 是否流入林地 | 0. 0271 | 0. 1626 | 0. 0394 | 0. 1947 | 0. 0546 | 0. 2273 | 0. 0596 | 0. 2369 |
| | $Y_2$ | 是否流出林地 | 0. 0041 | 0. 0637 | 0. 0109 | 0. 1038 | 0. 0128 | 0. 1127 | 0. 0306 | 0. 1724 |
| | $Y_3$ | 林地流入面积 | 1. 3201 | 15. 2346 | 3. 7035 | 39. 9178 | 5. 7839 | 47. 2485 | 6. 5537 | 50. 6087 |
| | $Y_4$ | 林地流出面积 | 0. 0871 | 1. 8899 | 0. 2327 | 3. 8647 | 0. 1087 | 1. 1704 | 0. 5998 | 5. 8120 |
| R | $R_1$ | 是否确权 | 0. 0882 | 0. 2838 | 0. 3057 | 0. 4610 | 0. 6693 | 0. 4708 | 0. 7262 | 0. 4462 |
| | $R_2$ | 林地已确权年限 | 0. 1818 | 0. 3860 | 1. 6467 | 1. 6685 | 4. 3949 | 1. 8474 | 7. 4767 | 1. 8969 |
| IV | IV | 第一大姓占全村人数的比例 | 0. 3524 | 0. 2090 | 0. 3527 | 0. 2090 | 0. 3565 | 0. 2124 | 0. 3523 | 0. 2085 |
| HVC | $HVC_1$ | 户主年龄 | 43. 4383 | 10. 4470 | 47. 4348 | 10. 4537 | 50. 3708 | 10. 5643 | 53. 2609 | 10. 3325 |
| | $HVC_2$ | 户主是否村干部 | 0. 2198 | 0. 4144 | 0. 2201 | 0. 4146 | 0. 2360 | 0. 4249 | 0. 1900 | 0. 3926 |
| | $HVC_3$ | 户主受教育年限 | 7. 0611 | 2. 7198 | 7. 0598 | 2. 7214 | 7. 1621 | 2. 6520 | 7. 1949 | 2. 8054 |
| | $HVC_4$ | 家庭人口数 | 4. 1289 | 1. 3943 | 4. 1264 | 1. 3935 | 4. 0867 | 1. 3570 | 3. 3494 | 1. 2909 |
| | $HVC_5$ | 非农劳动力投入比例 | 0. 2965 | 0. 3330 | 0. 3317 | 0. 3403 | 0. 2525 | 0. 3292 | 0. 2858 | 0. 3511 |
| | $HVC_{10}$ | 村委会到县城距离（千米） | 493. 5810 | 201. 2592 | 493. 6130 | 201. 3942 | 499. 6520 | 200. 9028 | 494. 5830 | 202. 6937 |
| FC | $FC_2$ | 村海拔 | 43. 3385 | 38. 1153 | 43. 3770 | 38. 1269 | 44. 2018 | 38. 3200 | 43. 2646 | 37. 9447 |
| | $FC_1$ | 林地面积（亩） | 40. 7380 | 96. 2845 | 44. 3319 | 95. 8878 | 44. 6130 | 77. 4420 | 44. 6634 | 81. 8902 |

数据来源：国家林业局经济发展研究中心 2003 年、2007—2013 年跟踪调研数据。

### 5.2.3　研究方法

在新一轮集体林权制度改革之前，已存在集体林地流转的现象。新一轮集体林权改革以后，为了规范和促进林地流转，各地陆续建立了集体林产权交易市场或交易中心。鉴于此，需要理解集体林地确权对林地流转产生了什么影响以及如何产生影响呢?

本章的因变量（是否流入林地、是否流出林地）和解释变量（是否确权）均为二分虚拟变量，且解释变量（是否确权）可能存在内生性，因此，本章参考 Shi 等[196]先使用内生转换模型来进行分析，选择工具变量，预测出了平均处理效应。

根据上述分析与讨论和集体林地确权对农户林地流转行为影响的机理分析，本章建立以下计量经济学模型：

$$Y_{it1} = \alpha_1 + \beta_1 R_{it} + \theta_1 Z_{it} + \varepsilon_{it} \tag{5-1}$$

$$Y_{it2} = \alpha_2 + \beta_2 R_{it} + \theta_2 Z_{it} + \mu_{it} \tag{5-2}$$

式中：$i$ 为第 $i$ 个农户，$t$ 为第 $t$ 年；$Y_{it1}$ 为农户是否流入林地的虚拟变量，$Y_{it2}$ 为农户是否流出林地的虚拟变量；$R_{it}$ 为集体林地是否确权变量（若 $R_{it}=1$，代表已确权；若 $R_{it}=0$，代表未确权）；$Z_{it}$ 是农户家庭特征、村庄特征和资源变量等外生控制变量（具体变量见表 5-2）；$\alpha_1$、$\alpha_2$、$\beta_1$、$\beta_2$、$\theta_1$ 和 $\theta_2$ 为待估计系数；$\varepsilon_{it}$ 和 $\mu_{it}$ 均为残差项。

1. 集体林地确权与流转的内生性

本章的关键政策变量为林地是否确权与林地流转，它们之间可能存在内生性问题。集体林地确权会影响林地流转，同样林地流转多的村县进行集体林地确权的可能性也越大。这是因为：新一轮集体林权制度改革与过往的集体林产权制度有一个明显区别，即需通过村民代表大会投票表决确定改革方案，才能推行本村集体林权制度改革方案[204]。在林地流转率高的村，农民亟需获得安全的林地产权，集体林权改革方案通过的可能性更高。因此，集体林地确权与林地流转存在反向因果。样本农户数据显示：同一个县各村林权证发放的时间不一样，样本村是否参加集体林权改革及其时机需要村民做出决定。因此，林地确权与林地流转模型中是否存在内生性需要进行检验。

本章选取的工具变量是“第一大姓占全村人数的比例”，这一变量对林地确权会产生影响，因为一个村的大姓往往会对村民投票表决产生影响。在一个村庄中，大姓往往在村民决策时拥有一定优势，当一个大姓占据绝对优势时，决策通常是由这个大姓决定；但当有几个大姓势均力敌时，他们之间就会形成博弈，达成一致的决策比较困难；当村里的姓氏没有过分集中时，没有大姓，决策结果通常更接近于大部分村民的真实意思表示。

在样本中，第一大姓占全村人数的比例均值为 35%，这一比例大于 1/2的样本占 15%，大于 2/3 的样本占 10%。根据集体林权制度改革的相关政策，需要 2/3 的村民或村民代表同意的集体林权制度改革方案才能实施，因此，在 90% 的案例村，不同姓氏家族需要进行对集体林权制度改革实施方案进行博弈。当第一大姓比例越大但低于 2/3 时，这种博弈越激烈，这一比例越小时，越接近于民主决策。根据实地调查结果，存在几个比较大姓氏但不占优的案例村，需要较长的时间对新一轮集体林权制度改革实施方案进行讨价还价；在没有一个姓氏家族占优的村，这些村制定新一轮集体林权制度改革方案时，已经经过较好的民主协商，则可能更容易达成集体林权制度改革实施方案。

同时“第一大姓占全村人数的比例”只会影响林地确权而不会直接影响林地流转，因此，选择它作为工具变量，“第一大姓占全村人数的比例”是否合适做工具变量尚需要进行统计检验。本章拟采用了 IV-Probit 和 IV-2SLS 模型来验证内生性的存在，并检验工具变量的有效性。林地确权选择方程为：

$$R_{it} = \alpha_3 + \beta_3 IV_{it} + \theta_3 Z_{it} + \gamma_{it} \tag{5-3}$$

式中：$IV_{it}$为农户所在村第一大姓占全村人数的比例；$\alpha_3$、$\beta_3$和$\theta_3$为待估计系数；$\gamma_{it}$为残差项。

首先，采用 IV-Probit 方法来估计（5－1）—（5－3）式[205]，根据 Wald 检验结果，确认工具变量是否是外生[206]。如果 Wald 检验能显著地拒绝原假设，表明确权存在内生性且所选工具变量有效，则工具变量估计法的估计结果优于 OLS 估计的结果。同时，用 IV-2SLS 检验工具变量的有效性，当 Kleibergen-Paap rk Wald F 和 Cragg-Donald Wald F 统计量大于 Stock-Yogo 检验的临界值时，可以拒绝工具变量弱识别的原假设，证明工具变量是有效的。由于 IV-Probit 和 IV-2SLS 对于离散的内生变量并不适用，它得到的结果是有偏的，因此，本章仅用来检验工具变量而不作为最终解释政策效果的实证模型。

2. 内生转换模型

本章借鉴 Lokshin 和 Sajaia[207]的研究，使用内生转换 Probit 模型（Endogenous Switching Probit model，ESP）来分析集体林地确权对林地流转的影响，以期解决其可能存在的内生性问题，并构建一个反事实分析。内生转换 Probit 模型可以表示为：

$$R_{it} = 1,\text{如果}\alpha_4 + \beta_4 IV_{it} + \theta_4 Z_{it} + \varphi_{it} > 0 \tag{5-4}$$

$$R_{it} = 0,\text{如果}\alpha_4 + \beta_4 IV_{it} + \theta_4 Z_{it} + \varphi_{it} \leqslant 0 \tag{5-5}$$

$$Y^*_{1ijt} = \alpha_{1j} + \theta_{1j} Z_{1it} + \varepsilon_{1it} \quad Y_{1ijt} = I(Y^*_{1ijt} > 0) \tag{5-6}$$

$$Y^*_{0ijt} = \alpha_{0j} + \theta_{0j} Z_{0it} + \varepsilon_{0it} \quad Y_{0ijt} = I(Y^*_{0ijt} > 0) \tag{5-7}$$

式中：$j$ 代表流入或流出林地，$j=1$ 表示农户流入林地，$j=2$ 表示农户流出林地。如果已确权组（$R_{it}=1$），则流转被定义为$Y_{1ijt}$；如果未确权组（$R_{it}=0$），则流转被定义为$Y_{0ijt}$。$Y_{1ijt}$和$Y_{0ijt}$为观测到的农户是否进行林地流转；$Y^*_{1ijt}$和$Y^*_{0ijt}$是潜变量，代表农户是否进行林地流转的可能性。$\alpha_4$、$\beta_4$、$\theta_4$、$\alpha_{1j}$、$\alpha_{0j}$、$\theta_{1j}$和$\theta_{0j}$为待估计系数；$\varphi_{it}$，$\varepsilon_{1it}$和$\varepsilon_{0it}$均为残差项。

假设$\varphi_{it}$，$\varepsilon_{1it}$和$\varepsilon_{0it}$是联合正态分布且均值为 0，因此，相关系数矩阵可以表述为：

$$\Omega_j = \begin{pmatrix} 1 & \rho_{0j} & \rho_{1j} \\ & 1 & \rho_{10j} \\ & & 1 \end{pmatrix} \tag{5-8}$$

式中：$\rho_{0j}$是$\varphi_{it}$和$\varepsilon_{1it}$的相关系数，$\rho_{1j}$是$\varphi_{it}$和$\varepsilon_{0it}$的相关系数，$\rho_{10j}$是$\varepsilon_{1it}$和$\varepsilon_{0it}$的相关系数。如果$\rho_{0j}$或者$\rho_{1j}$至少一个显著性地不为 0，那么就证明是否确权存在选择偏差。然后再根据对$\rho_{0j}=\rho_{1j}$进行似然比检验，可以验证公式（5-6）和（5-7）是否是相互独立的。

根据内生转换 Probit 模型，处理组的处理效应 TT（Treatment on Treated）和未处理组的处理效应 TU（Treatment on Untreated）可以用下式计算出来：

$$TT_j = Pr(Y_{1j} = 1 \mid R = 1, Z = z) - Pr(Y_{0j} = 1 \mid R = 1, Z = z) \tag{5-9}$$

$$TU_j = Pr(Y_{1j} = 1 \mid R = 0, Z = z) - Pr(Y_{0j} = 1 \mid R = 0, Z = z) \tag{5-10}$$

式中：$TT_j$就是对已确权农户流转行为的影响，计算$TT_j$的均值就得到对已确权农户的平均处理效应（ATT）；$TU_j$是反事实分析，即对未确权农户而言，如果确权将对其流转行为产生的影响，计算$TU_j$的均值就得到对未确权农户的平均处理效应（ATU）。

3. 双重差分法

解决内生性的另一种方法是双重差分法，其基本思路是将已确权的农户作为处理组，再按照一定标准在未确权的农户中寻求与已确权农户匹配的对照组，然后做差，做差剩下的便是确权造成的净效应，也就是前文所述的平均处理效应（ATT）。本部分将用双重差分法，评估确权年限对农户林地流入和流出概率的影响、确权对农户林地流入面积和流出面积的影响以及确权对不同林业经营规模农户的影响。

本章所用数据为面板数据，在不同时点的观测值并不是独立分布的。这类数据的特点是，由于研究的个体相同，一些不随时间改变的不可观测的因素（如农户特征、村庄特征等）对不同时点的观测值会产生影响，可以通过控制这些影响而得到较为真实的结果。

为了获得确权对于农户林地流转行为的影响，我们建立以下基本计量模型：

$$Y_i = \alpha_5 + \beta_5 D_i + \theta_5 T_i + \tau_{DID} D_i * T_i + \delta_i \tag{5-11}$$

其中，$Y_i$是指第 $i$ 个样本农户在确权前后各期的结果变量（林地流入面积、林地流出面积），$D_i=1$ 意味着样本农户为集体林地已确权组（处理组），$D_i=0$ 意味着样本农户为集体林地未确权组（对照组）。$T=1$ 意味着该期为项目实施之后，$T=0$ 意味着该期为项目实施前。$\tau_{DID}$就是我们关心的项目实施后对参加项目个体的影响。

由于集体林权改革在不同省份的开始时间是不同的，甚至在同一个村，进行集体林地确权的时间也是不尽相同的，缺少项目开始的共同处理变量。因此，我们用变量$R_{it}$来代替$D_i * T_i$[208]，我们的方程可以写成下面的形式：

$$Y_{it} = \alpha_5 + \tau_{DID} R_{it} + \sum_{m=1}^{c} \omega_m HVC_{mit} + \sum_{n=1}^{d} v_n FC_{nit} + \sum_{j=2003}^{2013} \mu_j Year_{jt} + \sum_{k=1}^{e} \rho_k Village_{ki} + \delta_{it} \tag{5-12}$$

其中$R_{it}$是第 i 户在时期 t 是否进行了集体林地确权；m 和 n 分别为农户特征变量和村庄特征变量的个数；由于集体林地确权是以村庄为单位进行的，因此在实证研究中将分别加入村庄虚拟变量进行考察，控制个体不可观测因素的影响；并且加入时间虚拟变量，控制时间给农户行为带来的影响。

## 5.3　经验性结果

根据上文林地确权对农户流转的机制，利用所讨论的研究方法和长期大样本农户数据，本部分将展示研究的经验性结果。

### 5.3.1　检验内生性

首先，从 IV-Probit 模型结果的 Wald 外生性检验来看，划分为林地流入和林地流出两个类型，对林地确权的内生性进行检验，检验结果见表 5－3。$\chi^2$值均大于 1% 显著水平上的临界值，因此，在林地流入和林地流出方程中，林地是否确权和林地已确权年限均存在内生性，也验证了工具变量是外生的，为有效工具变量（见表 5－3）。本章用两阶段最小二乘法（IV-2SLS）检验了工具变量的有效性，经计算可得 Kleibergen-Paap rk Wald F 为 228.075，Cragg-Donald Wald F 为 196.804，均大于 Stock-Yogo 检验 10% 水平临界值 16.380，均拒绝了工具变量弱识别的原假设，进一步证实了本研究所选工具变量为强工具变量，而非弱工具变量。

根据表 5－4 的内生转换模型结果，$\rho_{11}=-1.419$ 和$\rho_{12}=-1.271$ 显著不为 0，而$\rho_{01}=-6.348$ 和$\rho_{02}=-2.727$ 不显著，因此，林地确权变量确实

表 5 - 3　　**IV-Probit 内生性检验结果**

| 类型 | 变量 | 变量名 | 第 1 阶段 | 第 2 阶段 | | 第 1 阶段 | 第 2 阶段 | |
|---|---|---|---|---|---|---|---|---|
| | | | 是否确权（$R_1$） | 流入 | 流出 | 林地已确权的年限 $R_2$ | 流入 | 流出 |
| R | $\hat{R}_1$ | 是否确权的估计值 | | 2.2691 ***<br>(0.0603) | 1.8672 ***<br>(0.2224) | | | |
| | $R_2$ | 林地已确权的年限 | | | | | 0.3634 ***<br>(0.0221) | 0.3071 ***<br>(0.0602) |
| IV | IV | 第一大姓占全村人数比例 | -0.5192 ***<br>(0.031) | | | -4.9651 ***<br>(0.1623) | | |
| | | Wald chi2<br>(Joint significance) | | 2261.4703 *** | 267.6704 *** | | 606.430 *** | 81.7502 *** |
| | | Log pseudo likelihood | | -3385.5212 | -2975.6203 | | -11406.6534 | -10990.5223 |
| | | Wald chi2<br>(Wald test of exogeneity) | | 137.1603 *** | 18.7502 *** | | 93.9401 *** | 11.7404 *** |
| | | 样本量 | 4811 | 4811 | 4811 | 4811 | 4811 | 4811 |

注：（1）该部分还对林地已确权年限进行了估计，与林地是否确权一样，林地已确权年限也存在内生性。并且林地已确权年限对林地流入和流出均为显著正向影响，这与图 5 - 2 的结果也是相符的；（2）限于篇幅，本表未列出其他控制变量的估计结果，如有需要可向作者索取；（3）数据来源：国家林业局经济发展研究中心 2003 年、2007—2013 年跟踪调研数据；（4）括号内为标准差，*** 、** 和 * 分别表示在 1% 、5% 和 10% 的水平上显著。

存在一定的选择偏差。选择偏差的存在，对林地流入和流出的估计均产生了负向影响，也就是说由于不可观测的因素影响，低估了确权对于林地流入和流出的正向影响。因此，为了获得更准确的结果，需要采用内生转换模型进行分析。

### 5.3.2　集体林地确权对林地流转概率的影响

IV-Probit 的第一阶段结果显示：第一大姓占全村人数比例越低，则会提升林地确权概率，符合预期。从 IV-Probit 的第二阶段结果看，林地确权对农户林地流入有显著的正向影响，对林地流出亦有正向显著影响。

从内生转换模型结果来看（见表 5 -4），Wald 相互独立性检验结果均是显著的，表明公式（5 -6）和公式（5 -7）是相互独立的，因此，采用内生转换模型是合理的。内生转换模型第一阶段估计为工具变量以及其他控制变量对“是否确权”的影响；第二阶段估计把农户划分为已确权和未确权两组，分别估计对其流转行为的影响，估计出林地是否确权对流转的平均处理效应 ATT 和 ATU。

第一阶段经验性结果显示：农户户主年龄越大、户主为村干部、家庭人口数越多以及林地面积越大的农户，其林地确权的概率越大；距离县城越近、海拔越高的农户，其确权概率越大。

第二阶段经验性结果看出（见表 5 -4），有些控制变量对处理组（林地确权 =1）和对照组（林地确权 =0）林地流转的影响是一致的。户主越年轻、越容易接受新事物，对于林地流转参与更多，因此，户主年龄对两组的林地流入均产生了负向影响；到县城的距离越远，通常在经济社会等方面发展相对滞后，农户从事非农就业的机会更少，参与林业经营的可能性更大，农户流入林地的可能性更高，表5－4的结果符合预期。海拔高低会影响立地条件、林种以及管理难度，海拔越低，流入林地的概率越大，可见农户会优先选择立地条件好又便于管理的林地，这些林地更易流入和流出；同时，林地面积越大的农户也更倾向于流入林地，这显示林地会趋向集中规模经营。

从第二阶段经验性结果可以看出（见表5－4），各控制变量对处理组（林地确权＝1）和对照组（林地确权＝0）农户林地流转的影响有的则不同。户主是村干部对对照组林地流入有正向影响，对处理组没有显著影响；户主受教育年限对处理组林地流出有负向影响，对对照组则没有显著影响；家庭人口数对对照组林地流入有负向影响，未显著影响处理组的林地流入行为；非农劳动力投入比例对两组的林地流入产生了相反的影响；林地面积显著负向地影响处理组的林地流出，却对对照组没有影响；村委会到县城距离对两组的林地流出存在相反影响。可见，确权农户与未确权农户存在异质性，户主受教育年限、家庭人口数、非农劳动力投入比例等变量与确权存在交互影响。

通过内生转换模型，建立一个反事实（Counterfactual）模型，不仅估计出确权对于处理组的影响，还能同时估计出对照组确权所产生的影响。从结果来看（表5－5），确权使处理组林地流入的概率增加6.03%，使得流出林地概率增加1.71%；如果给未确权农户进行确权，那么其林地流入的概率增加59.01%，林地流出概率增加43.63%。可见，集体林地确权到户激励了农户的林地流转行为，活跃了林地交易市场，优化了资源配置。

表 5－4　　集体林地确权农户林地流转概率的影响——内生转换模型结果

| 类别 | 变量 | 变量名 | 流入第一阶段 | 流入第二阶段 | | 流出第一阶段 | 流出第二阶段 | |
|---|---|---|---|---|---|---|---|---|
| | | | | D＝1 | D＝0 | | D＝1 | D＝0 |
| HVC | $HVC_1$ | 户主年龄 | 0.0090*** (0.0021) | －0.0242*** (0.0044) | －0.0233*** (0.0064) | 0.0091*** (0.0022) | 0.0034 (0.0052) | 0.0082 (0.0091) |
| | $HVC_2$ | 户主是否村干部 | 0.1121** (0.0521) | 0.1042 (0.0763) | 0.5902*** (0.1183) | 0.0981* (0.0524) | －0.1681 (0.1263) | －0.1992 (0.2584) |
| | $HVC_3$ | 户主受教育年限 | －0.0072 (0.0083) | －0.03142** (0.0134) | 0.0101 (0.0234) | －0.0092 (0.0083) | －0.0475** (0.0212) | －0.0071 (0.0343) |
| | $HVC_4$ | 家庭人口数 | 0.1404*** (0.0546) | －0.0261 (0.0883) | －0.4612*** (0.1423) | 0.1534*** (0.0553) | 0.0273 (0.1254) | －0.1754 (0.2112) |
| | $HVC_5$ | 非农劳动力投入比例 | －0.0054 (0.0613) | 0.3212*** (0.0901) | －0.3694* (0.1886) | －0.0191 (0.0612) | 0.0114 (0.1332) | －0.2393 (0.2714) |
| | $HVC_{10}$ | 村委会到县城距离 | －0.0991*** (0.0157) | 0.1284*** (0.0213) | 0.0912* (0.0500) | －0.1094*** (0.0190) | 0.0513* (0.0281) | －0.2162*** (0.0651) |
| | $HVC_{11}$ | 村海拔 | 0.4136*** (0.0431) | －0.4373*** (0.0652) | －0.8943*** (0.1191) | 0.4292*** (0.0431) | －0.2514** (0.0981) | －0.3109* (0.1611) |
| FC | $FC_1$ | 林地面积 | 0.0302*** (0.0074) | 0.0781*** (0.0223) | 0.2232*** (0.0414) | 0.0304*** (0.0071) | －0.0493*** (0.0152) | －0.0301 (0.0300) |
| IV | IV | 第一大姓占全村人数比例 | －1.7852*** (0.1071) | | | －1.6872*** (0.1071) | | |
| | | 年度虚拟变量 | 控制 | 控制 | 控制 | 控制 | 控制 | 控制 |
| | | 常数项 | －1.7815*** (0.3112) | 3.8143*** (0.4974) | 3.5223*** (0.7714) | －1.8632*** (0.3114) | 1.8333** (0.8912) | 0.0274 (1.1252) |

续表

| 类别 | 变量 | 变量名 | 流入第一阶段 | 流入第二阶段 | | 流出第一阶段 | 流出第二阶段 | |
|---|---|---|---|---|---|---|---|---|
| | | | | D=1 | D=0 | | D=1 | D=0 |
| | | Rho（$\rho_{11}/\rho_{01}$，$\rho_{12}/\rho_{02}$） | | -1.4192***<br>(0.2040) | -6.3482<br>(52.5803) | | -1.2714***<br>(0.2972) | -2.7272<br>(4461) |
| Wald chi2（Joint significance） | | | | 1255.0203*** | | | 1236.4103*** | |
| Log pseudo likelihood | | | | -3228.3801 | | | -2822.6491 | |
| Wald chi2<br>（Wald test of independent eqns.） | | | | 65.0002*** | | | 15.5302*** | |
| 样本量 | | | | 4811 | | | 4811 | |

注：（1）D为是否确权变量，D=1代表已确权组农户，D=0代表未确权组农户；（2）括号内为标准差，***、**和*分别表示在1%、5%和10%的水平上显著。

表 5 - 5　　集体林地确权的平均处理效应

| 平均处理效应 | 样本量 | 流入均值 | 流入标准差 | 流出均值 | 流出标准差 |
|---|---|---|---|---|---|
| ATT | 2434 | 0.0603 | 0.0580 | 0.0171 | 0.0256 |
| ATU | 2377 | 0.5901 | 0.2015 | 0.4363 | 0.1754 |

### 5.3.3　集体林地确权对林地流转面积的影响

我们用最小二乘法（OLS）来估计双重差分模型（公式 5 - 12）。系数 $\tau_{DID}$ 就是确权对林地流入和流出面积的影响。

表 5 - 6 的结果中，列（1）和列（4）只加入时间虚拟变量和村庄虚拟变量，没有加入其他控制变量，只看是否确权对林地流入和流出面积的影响，由结果可知，集体林地确权使林地流入的面积增加了 16.95%，并且在 1% 的显著性水平上显著；使林地流出面积增加了 5.36%，在 10% 的显著性水平上显著。在列（2）和列（5）中进一步加入其他控制变量（农户特征和村庄特征等），发现集体林地确权使得农户林地流入面积提高了 16.38%，并且在 1% 的显著性水平上显著；使林地流出面积提高了 4.81%，显著性水平为 10%。

从其他控制变量结果来看，户主年龄对林地流入和流出是相反的结果，户主年龄越大，农户更倾向于流出林地，而年轻些的农户则更愿意流入林地，这与农户的劳动能力及林业的长生产周期等很多因素可能相关，老年农户对林地的管护可能力不从心并且在短期内看不到有效的收益。村干部更愿意流入林地，这与前述分析类似，与村干部拥有更多信息，对政策理解力强有关。

表 5-6　　集体林地确权对林地流转面积的影响——双重差分模型结果

| 类别 | 变量 | 变量名 | 林地流入面积 | | | 林地流出面积 | | |
|---|---|---|---|---|---|---|---|---|
| | | | (1) | (2) | (3) | (4) | (5) | (6) |
| R | $R_1$ | 是否确权 | 0.1695***<br>(0.0607) | 0.1638***<br>(0.0600) | 0.1184*<br>(0.0626) | 0.0536*<br>(0.0288) | 0.0481*<br>(0.0288) | 0.0697**<br>(0.0305) |
| HVC | $HVC_1$ | 户主年龄 | | -0.0156***<br>(0.0026) | -0.0126***<br>(0.0024) | | 0.0029**<br>(0.0012) | 0.0016<br>(0.0012) |
| | $HVC_2$ | 户主是否村干部 | | 0.4866***<br>(0.0637) | 0.1818***<br>(0.0603) | | -0.0630**<br>(0.0306) | -0.0208<br>(0.0293) |
| | $HVC_3$ | 户主受教育年限 | | -0.0168<br>(0.0103) | -0.0187*<br>(0.0098) | | -0.0172***<br>(0.0049) | -0.0081*<br>(0.0048) |
| | $HVC_4$ | 家庭人口数 | | 0.0037<br>(0.0186) | 0.0010<br>(0.0183) | | 0.0096<br>(0.0089) | -0.0042<br>(0.0089) |
| | $HVC_5$ | 非农劳动力投入比例 | | 0.0662<br>(0.0741) | 0.0100<br>(0.0712) | | -0.0696*<br>(0.0355) | 0.0427<br>(0.0346) |
| | $HVC_{10}$ | 村委会到县城距离 | | -0.0175<br>(0.2248) | -0.0750<br>(0.0766) | | -0.1107<br>(0.1079) | -0.0136<br>(0.0372) |
| | $HVC_{11}$ | 村海拔 | | -0.2332<br>(0.4598) | -0.3556<br>(0.3641) | | -0.1152<br>(0.2206) | -0.1276<br>(0.1771) |
| FC | $FC_1$ | 林地面积 | | 0.0661***<br>(0.0100) | 0.0504***<br>(0.0092) | | 0.0075<br>(0.0048) | 0.0116***<br>(0.0045) |
| | | 常数项 | -4.7818***<br>(0.1805) | -2.7670<br>(1.9709) | -1.6027<br>(2.4067) | -4.3041***<br>(0.0856) | -3.4031***<br>(0.9455) | -3.7794***<br>(1.1708) |
| | | 年度虚拟变量 | 未控制 | 控制 | 控制 | 未控制 | 控制 | 控制 |
| | | 村庄虚拟变量 | 未控制 | 控制 | 控制 | 未控制 | 控制 | 控制 |
| | | 样本量 | 4811 | 4811 | 3461 | 4811 | 4811 | 3461 |
| | | R-squared | 0.1063 | 0.1349 | 0.0796 | 0.0676 | 0.0759 | 0.0881 |

注：(1) 括号内为标准差，***、** 和 * 分别表示在 1%、5% 和 10% 的水平上显著；(2) 列 (3) 和列 (4) 为去掉了清原县和顺昌县的估计结果；(3) 数据来源：国家林业局经济发展研究中心 2003 年、2007—2013 年跟踪调研数据。

为了进一步验证模型的稳健性，在列（2）和列（5）的模型基础上，去掉最先开始集体林权制度改革的辽宁省清原县和福建省顺昌县，结果显示在列（3）和列（6）中。结果显示，集体林地确权使得林地流入提高了 11.84%，林地流出提高了 6.97%。从系数来看，三组模型中集体林地确权对林地流入和流出面积的影响均接近；从显著性来看，三组模型中集体林地确权均对林地流入和林地流出产生了至少 10% 显著性水平上的影响，并且不同模型显著性也没有大的变异。因此我们的模型稳健性很好。

### 5.3.4　集体林地确权对林地流转的动态影响

自 2003 年开始，到 2013 年，农户最长确权年限已达 10 年，本节将通过设置农户确权年限的虚拟变量，考察集体林地已确权年限对农户林地流转概率的动态影响。如前文所述我们设置了已确权年限的虚拟变量，建立计量经济学模型如下：

$$
\begin{aligned}
Y_{it} = \alpha_5 &+ \beta_1 R_{it}^{-4} + \beta_2 R_{it}^{-3} + \cdots + \beta_{12} R_{it}^{8} \\
&+ \sum_{m=1}^{c} \omega_m HVC_{mit} + \sum_{n=1}^{d} v_n FC_{nit} + \sum_{j=2003}^{2013} \mu_j Year_{jt} \\
&+ \sum_{k=1}^{e} \rho_k Village_{ki} + \delta_{it}
\end{aligned}
\quad (5-13)
$$

其中，如果在确权前的第 $r$ 年，那么 $R^{-r}=1$，如果在确权后的第 $r$ 年，那么 $R^{r}=1$，其他情况下，确权的虚拟变量 $R's=0$。我们排除了确权当年，来估计已确权年限对农户林地流转的影响。在两个端点处，根据农户数量等我们定义当样本为确权前 4 年或者 5 年甚至更多年份时，都表示为$R_{it}^{-4}=1$；同时当样本为确权后第 8 年或者第 9 年直至 10 年时，均表示为$R_{it}^{8}=1$。因此，在这两个端点处的方差可能会更大，可能导致估计值的准确性降低。图 5 - 3 绘制了林地流入和林地流出回归结果并且标注了在 5% 水平的置信区间。

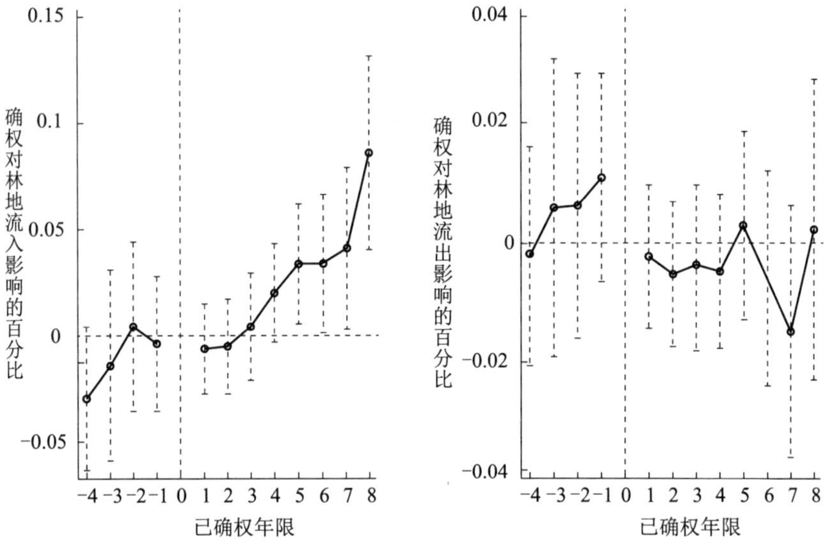


**图 5 - 3　集体林地确权对林地流转的动态影响**

从图 5 - 3 可见，确权前的所有年份，对林地流入和流出的影响均不显著，由此可知，集体林地确权前农户的林地流入和流出行为符合双重差分模型的共同趋势假设。集体林地确权后，对林地流入和流出的作用没有马上显现，对林地流入的影响在确权后第四年开始，并且作用效果呈现出逐年上升的作用；但对林地流出的作用不同，一直没有表现出显著作用。集体林地已确权年限越长，农户越愿意进行林地流转，对林地流入有显著正向影响，对流出的影响不显著。集体林地确权对林地流转的政策效果具有一定的时滞性，对林地流入的作用更强，对林地流入的影响也更持久。

### 5.3.5　集体林地确权对不同林业经营规模农户的影响

本节还进一步考察了确权对不同林地经营规模农户的影响。样本农户林地经营面积的中位数是 15 亩，因此我们将低于 15 亩的农户归为小规模农户、高于 15 亩的农户归类为大规模农户，并应用双重差分模型进行估计。回归结果表明（见表 5－7）：对于小规模农户，确权无论对其林地流转概率还是对其林地流转面积，无论是对其林地流入还是林地流出，均没有产生显著影响；而对于大规模农户，确权在 10% 的显著性水平上使其流入林地的概率增加了 2.26%，也使其林地流入面积增加了 19.28% 的，但对其林地流出概率和流出面积没有显著影响。

确权显著促进了大规模农户的林地流入行为，而对小规模农户影响不大，这主要是由于大规模农户具有专业的林业技术和充足的资金，有更高的林业经营积极性，因此其流入林地的意愿也更强，从结果来看，大规模农户的林地流入行为更活跃。因此，集体林地确权显著促进了大规模农户的林地流入行为，在林地细碎化背景下，这无疑有利于林业规模经营。

表 5-7 集体林地确权对不同林业经营规模农户林地流转的影响

| 类别 | 变量 | 变量名 | 是否流入林地 | | 是否流出林地 | | 林地流入面积 | | 林地流出面积 | |
|---|---|---|---|---|---|---|---|---|---|---|
| | | | 小规模农户（<15 亩） | 大规模农户（>=15 亩） | 小规模农户（<15 亩） | 大规模农户（>=15 亩） | 小规模农户（<15 亩） | 大规模农户（>=15 亩） | 小规模农户（<15 亩） | 大规模农户（>=15 亩） |
| R | $R_1$ | 是否确权 | 0.0093<br>(0.0065) | 0.0226*<br>(0.0117) | 0.0073<br>(0.0063) | 0.0019<br>(0.0054) | 0.0749<br>(0.0497) | 0.1928*<br>(0.1026) | 0.0517<br>(0.0421) | 0.0254<br>(0.0402) |
| HVC | $HVC_1$ | 户主年龄 | -0.0010***<br>(0.0003) | -0.0019***<br>(0.0005) | 0.0005<br>(0.0003) | 0.0005**<br>(0.0002) | -0.0073***<br>(0.0022) | -0.0179***<br>(0.0044) | 0.0028<br>(0.0019) | 0.0024<br>(0.0017) |
| | $HVC_2$ | 户主是否村干部 | 0.0292***<br>(0.0069) | 0.0737***<br>(0.0127) | -0.0075<br>(0.0067) | -0.0082<br>(0.0058) | 0.2144***<br>(0.0528) | 0.6048***<br>(0.1109) | -0.0490<br>(0.0447) | -0.0720*<br>(0.0434) |
| | $HVC_3$ | 户主受教育年限 | -0.0020*<br>(0.0011) | 0.0001<br>(0.0020) | -0.0024**<br>(0.0011) | -0.0023**<br>(0.0009) | -0.0127<br>(0.0086) | -0.0007<br>(0.0173) | -0.0154**<br>(0.0073) | -0.0209***<br>(0.0068) |
| | $HVC_4$ | 家庭人口数 | -0.0019<br>(0.0020) | -0.0005<br>(0.0037) | -0.0013<br>(0.0020) | 0.0019<br>(0.0017) | -0.0188<br>(0.0157) | -0.0192<br>(0.0322) | -0.0101<br>(0.0133) | 0.0201<br>(0.0126) |
| | $HVC_5$ | 非农劳动力投入比例 | 0.0052<br>(0.0080) | 0.0153<br>(0.0146) | 0.0023<br>(0.0077) | -0.0139**<br>(0.0067) | 0.0489<br>(0.0610) | 0.1172<br>(0.1276) | 0.0060<br>(0.0517) | -0.1163**<br>(0.0499) |
| | $HVC_{10}$ | 村委会到县城距离 | -0.0061<br>(0.0327) | -0.0113<br>(0.0905) | -0.0200<br>(0.0316) | 0.0106<br>(0.0417) | -0.0496<br>(0.2505) | -0.0444<br>(0.7910) | -0.1101<br>(0.2120) | 0.0920<br>(0.3096) |
| | $HVC_{11}$ | 村海拔 | 0.0081<br>(0.0929) | -0.0123<br>(0.0891) | -0.0179<br>(0.0898) | -0.0195<br>(0.0410) | 0.0787<br>(0.7121) | -0.2817<br>(0.7785) | -0.1215<br>(0.6027) | -0.1986<br>(0.3047) |
| FC | $FC_1$ | 林地面积 | 0.0014<br>(0.0011) | 0.0328***<br>(0.0075) | -0.0006<br>(0.0010) | 0.0111***<br>(0.0034) | 0.0083<br>(0.0082) | 0.3667***<br>(0.0651) | -0.0046<br>(0.0069) | 0.0987***<br>(0.0255) |
| | | 常数项 | 0.0242<br>(0.4138) | 0.0264<br>(0.5010) | 0.2036<br>(0.3996) | 0.0150<br>(0.2308) | -4.5384<br>(3.1703) | -3.7339<br>(4.3788) | -3.3339<br>(2.6831) | -4.2050**<br>(1.7136) |
| | | 年度虚拟变量 | 控制 | 控制 | 控制 | 控制 | 控制 | 控制 | 控制 | 控制 |
| | | 村庄虚拟变量 | 控制 | 控制 | 控制 | 控制 | 控制 | 控制 | 控制 | 控制 |
| | | 样本量 | 2371 | 2440 | 2371 | 2440 | 2371 | 2440 | 2371 | 2440 |
| | | R-squared | 0.2398 | 0.2293 | 0.0789 | 0.1270 | 0.2704 | 0.2195 | 0.0785 | 0.1256 |

注：（1）数据来源：国家林业局经济发展研究中心 2003 年、2007—2013 年跟踪调研数据；（2）括号内为标准差，***、** 和 * 分别表示在 1%、5% 和 10% 的水平上显著。

## 5.4　本章小结

集体林地确权是政府推动新一轮集体林权制度改革的重要举措，是实现集体林地所有权、承包权和经营权分置的重要前提。新一轮集体林权改革进行了近 15 年，大部分地区集体林地确权工作已经完成。集体林地产权进一步明晰和产权安全性提高会促进林地流转市场的活跃。

本章采用 6 省 6 县近 700 个农户 2003—2013 年的追踪数据，研究了中国新一轮集体林产权制度中林地确权对农户参与林地流入和流出行为的影响。本章应用了内生转换模型，该模型有两大优点，一是解决了林地确权与林地流入和流出间存在的内生性问题；二是能够计算出集体林地确权政策对已确权农户的平均处理效应（ATT），并进行反事实分析，计算出对未确权农户的平均处理效应（ATU）。

本章的研究发现，集体林地确权对林地流转产生了显著的影响：（1）对确权农户，流入概率增加了 6%，流出概率增加了 1.7%；（2）对未确权农户，如果确权，那么他们的林地流入概率将会增加 59%，流出将会增加 43.6%，可以显著地提高林地未确权农户参与林地流入和流出的可能性；（3）集体林地确权年限越长，农户林地流入和流出的可能性越大，确权的长期效果可能在确权第四年才开始显现，政策具有一定的时滞性；(4) 集体林地确权对小规模经营农户没有产生显著作用，但是显著促进了大规模农户的林地流入概率和规模。

除了研究确权对林地流转的影响，本章还研究了农户偏好（农户特征所决定的）、区域特征和自然条件等控制变量对农户林地流转行为的影响：(1) 已确权农户和未确权农户存在异质性；(2) 越年轻的农户，越容易参与林地流转，他们承担风险的能力和接受新事物的能力都更强；(3) 农民从事非农就业与林业经营是替代关系，流入林地的农户更倾向于专业经营而非兼业经营；(4) 低海拔地区林地流转率更高，海拔越低，管理和采伐越容易，立地条件更好；(5) 林地进一步向大户集中，大户更倾向于流入林地，有利于实现林业规模经营。

本章的研究结论对相关政策有以下几点启示：首先，应进一步加强林地确权工作。已确权地区在发证过程中还存在林地四至不清、林地与林权证不相符、林权证没有发放到农户手中等问题，应该尽快完善；对尚未确权的集体林地需要尽快采取有力的行动和措施，解决林权纠纷，把工作做细做实，尽快实现确权。其次，完善林地流转市场，建立林地产权交易中心。农户在不成熟的市场中作为弱势群体势必会选择保守行为，建立产权交易中心能够使林权交易公开透明。农户参与林地流转需要学习和实践过程，因此，政府有关部门在推进集体林地流转过程中不可拔苗助长，应充分尊重农户意愿，完善各项配套措施，假以时日，稳步推进。

# 第 6 章

# 新一轮集体林地确权对林业长期投入的影响

# 6.1 引　言

生态建设已经成为林业发展的重要战略，林业的基本原则由“木材永续利用”转变为发展“可持续森林经营”[209]。中国集体林地占林地总面积的 60% 以上，但集体林地生产力仅为国有林地生产力的 2/5，农户经营集体林地的积极性不高，对集体林地的长期投资低下，这成为制约集体林地可持续经营的重要因素。随着 2003 年开始的新一轮集体林权改革的进行，中国集体林地产权逐步明晰，产权安全性得到加强。发展林业的目的不仅是提供木材供给，而且是提高森林的生态效益，只有农户对林业进行长期投资，才能实现森林可持续发展，实现其生态效益的价值。因此，本章将从农户林业长期投入角度评估本次集体林权改革。

对新一轮集体林权制度改革及配套改革措施对农户林业生产性投入的影响开展了少量研究。Yi[28] 等发现：稳定的林地产权影响农户在林业上的投资；不论是否拥有该地块的林权证，产权束影响农户在家庭经营林地地块上的林业投资；Qin 等[25] 观察到降低中止合同的认知风险能够增加农户对签署合约林地的边际支付意愿；Xie 等[24] 和 Liu 等[148] 发现：改善了激励结构，农户对新一轮集体林权制度改革持积极态度，促进他们参与林地经营，但林地细碎化可能限制农户投资经营林地的动机；Qin 和 Xu[25]强调农户常常对产权安全性较低的林地地块投资较少。

这些已有研究主要采用短期农户小样本或小样本实验经济学的方法，尚未反映新一轮集体林地确权对农户林业长期投入的动态影响，且已有研究未区分劳动力和资本投入，把劳动力折算成为现金，加总到资本投入中。这样处理未能体现劳动力与资本投入的完全可替代性。林业生产重要特征表现为生产周期长和自然力发挥着重要的作用以及自然与政策风险与不确定性高等。农户林业短期投入主要包括经济林、竹林和速生用材林施肥和日常护林等投入；农户的林业长期投入主要包括造林、中幼林抚育、林区道路等基础设施建设以及其他投入，表现为这些长期投入的回报期较长，不能在短期内得到经济回报。利用本章所使用的 2003 年和 2007—2011 年数据库，Liu 等[149]测度了新一轮集体林产权制度主体改革及配套改革对农户林业生产要素投入的影响，但未区分农户短期与长期投入，农户长期投入与短期投入偏好差异明显[210]。因此，区分研究新一轮集体林地确权对农户林业长期投入和短期投入的影响是重要的，鉴于林业生产特点，需要研究新一轮集体林地确权对农户长期投资的影响；与此同时，本章拟研究新一轮集体林地确权对不同林地规模和案例省的农户林业长期投入是否产生了不同影响，拟回答不同林地规模的农户是否对新一轮集体林地确权做出不同反应以及新一轮集体林地确权是否出现了非洲效应的问题。

从农户理性假说作为切入点，本章拟采用 2003 年和 2007—2015 年的 9 省区、18 个县、54 个乡镇的 1200 个样本农户的长期平衡面板数据，采用反事实分析方法（Counterfactual Causality），本章也选取“农户是否获得林权证”作为新一轮集体林地确权变量，测度与分析新一轮集体林地确权对样本农户造林和森林抚育等资本与劳动力长期投入的影响，从而解决已有研究所采用短期小样本和样本分布区域局限的不足；估算新一轮集体林地确权对劳动力和资本投入的影响，可以有效克服劳动力投入折现等同于资本投入的缺陷，并可弥补已有研究基本上尚未开展新一轮集体林地确权对长期投入影响的不足。

本章后续结构安排如下：第二部分为数据与研究方法，描述集体林地确权现状与农户林业长期投入行为，并阐述本章所采用研究方法与思路；第三部分报告本章的经验性结果；最后一部分，也就是第四部分为本章小结。

## 6.2 数据与研究方法

### 6.2.1 数据

本章使用国家林业局经济发展研究中心的“中国集体林权制度改革相关政策问题研究”研究团队的多层次长期大样本数据库，包括农户、村、乡镇和县等多层次样本，包含9个省区、18个县、54个乡镇、162个村和2430户的10年长期跟踪观察数据，在我国林业经济理论与政策研究中，此数据库具有独特性。本章拟采用10年1200户平衡面板数据，采用遗失数据的样本农户概率分布是否独立于获得与遗失数据以及相关自变量，检验未获得数据的样本农户是否完全随机遗失[179]，检验结果显示：遗失数据的样本农户属于完全随机的，因此，采用1200户长期平衡面板数据所获得参数估计应为无偏的和有效的。

### 6.2.2 描述性证据

1. 案例县集体林地确权现状

从样本来看，截至2015年底，样本县确权比例均值达到90.67%（见表6-1）。其中，福建和广西的确权农户比例较低，仅60%多。这两个省集体林地确权比例较低各有原因，福建省是由于股份经营、联户经营以及预期均山等情况的影响，林地没有确权到农户手中，导致其发证率低；而广西集体林权改革开始时间较晚，并且林地中生态林比例较高，确权农户比例也仅为 53.54%，确权的面积比例也仅为 65.69%。山东省有林地的农户仅占样本农户的 17.29%，确权农户比例为 47.73%，但是其林地确权面积占林地总面积的 78.25%，说明该样本县大量的小规模农户没有获得林权证。其他省份的确权工作已基本完成，均已达到 90% 以上。

到 2015 年，集体林地确权工作已进行了很多年，最长的省份 12 年，最短的省份 6 年，已经有足够的时间让政策效果显现，因此长期大样本应该能够估计出林地确权对农户长期投资的影响。

**表 6－1　　已确权集体林地占集体林地总面积的比例**

| 年份 | 全部样本 | 山东 | 辽宁 | 河南 | 四川 | 浙江 | 福建 | 湖南 | 江西 | 广西 |
|---|---|---|---|---|---|---|---|---|---|---|
| 2003 | 4.19 | 0.00 | 18.18 | 21.15 | 28.51 | 0.77 | 11.21 | 1.50 | 1.54 | 0.23 |
| 2007 | 68.90 | 33.68 | 86.72 | 18.00 | 42.65 | 97.05 | 52.07 | 6.16 | 94.00 | 4.30 |
| 2008 | 71.49 | 27.39 | 89.66 | 20.42 | 93.07 | 97.05 | 52.07 | 14.60 | 94.06 | 4.04 |
| 2009 | 79.23 | 69.16 | 90.96 | 93.64 | 96.78 | 97.28 | 55.26 | 36.75 | 94.15 | 37.18 |
| 2010 | 88.05 | 82.44 | 93.60 | 91.75 | 96.92 | 95.25 | 59.21 | 96.68 | 90.77 | 58.55 |
| 2011 | 88.73 | 82.44 | 95.99 | 91.75 | 96.99 | 95.31 | 59.35 | 96.70 | 91.02 | 61.42 |
| 2012 | 90.78 | 82.65 | 95.85 | 93.50 | 96.89 | 95.72 | 51.00 | 96.40 | 92.85 | 76.44 |
| 2013 | 90.85 | 82.65 | 95.85 | 93.50 | 96.89 | 95.73 | 51.32 | 96.52 | 92.85 | 76.47 |
| 2014 | 90.17 | 78.25 | 97.17 | 93.35 | 98.28 | 99.27 | 55.65 | 99.29 | 93.28 | 65.09 |
| 2015 | 90.67 | 78.25 | 97.86 | 93.35 | 98.28 | 99.27 | 61.94 | 99.29 | 93.28 | 65.69 |

数据来源：国家林业局经济发展研究中心 2003 年、2007—2015 年跟踪调研数据。

2. 案例县集体林地确权与林业长期投入关系动态变化

2003—2015 年间，样本农户造林投入（资本与劳动力）和森林抚育劳动力投入呈现出首先明显上升再下降态势；新一轮集体林地确权呈现出明显上升态势，特别是在 2007—2011 年期间，新一轮集体林地确权率增加了 35.42

个百分点，2011年以后集体林地确权率增长较为缓慢（见表6－2）。本章关注新一轮集体林地确权对农户林业长期投入的影响，因此本节根据集体林地已确权时间，绘制了每年户均林业长期投入量与确权时间的关系图。根据农户新一轮集体林地确权的时间，把确权当年定义为第0年，确权前一年为－1年，确权后一年为＋1年，以此类推；本章绘制了样本农户造林投入和抚育劳动力投入与确权年度的关系图（见图6－1和图6－2）。图6－1和图6－2显示：林地确权后，农户造林投入和森林抚育呈现出明显上升态势；新一轮集体林地确权后的第3年或第4年，达到了其峰值；此后则呈现出下降趋势并有波动。

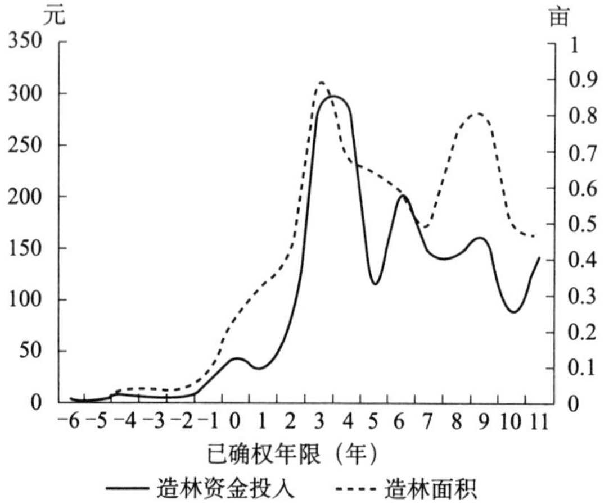


**图6－1　集体林地确权与造林面积和资本投入关系**

3. 变量选择

除了林地产权安排，影响林业资源经营效益和成本的因素也与林业生产要素配置有关，比如市场参与、林业产出的价格以及可使用的替代生产要素的价格。生产费用的预算约束也是决定林业生产性投入的主要因素。因此，除了政策因素外，本章还将控制一系列市场、政策、户主与村庄特

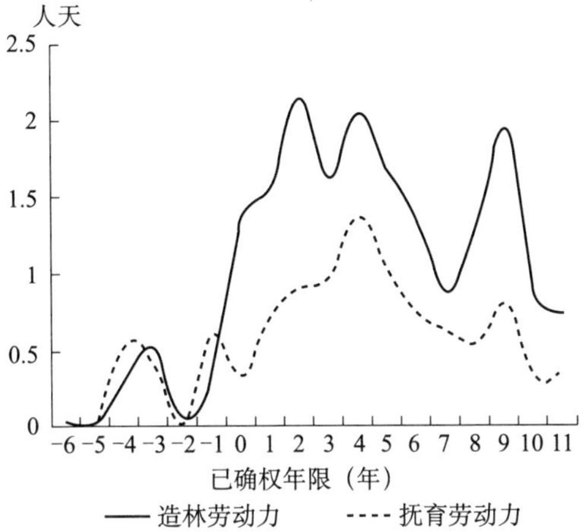


**图 6－2　集体林地确权与造林和抚育劳动力投入关系**

征以及资源状况等主要变量，评估集体林地确权对农户林业长期投入的影响，主要变量的统计描述见表 6－2。

2009 年以后，政府启动了森林保险、造林与中幼龄抚育补贴、林权抵押贷款和森林采伐限额等配套改革，接近半数的样本农户认为可比较容易地获得采伐指标；2011 年获得造林与抚育补贴的农户接近 60%，2015 年比 2011 年增加了 18 个百分点；参加森林保险的农户增长迅速；2011 年和 2015 年，样本农户参加林业合作社的农户和获得林权抵押贷款的农户均在 5% 以下（见表 6－2）。

2015 年与 2003 年相比，样本农户经营的林地面积增长了 49.62%；大规模农户经营的林地面积增长快于中等规模农户经营的林地面积，中等规模农户经营的林地面积扩展率快于小规模农户经营的林地面积。采伐森林的农户比重下降，2015 年比 2003 年下降了 2.16 个百分点；样本农户的宜林荒山荒地有所增长；在 2003 年到 2015 年期间，户均经营的农地面积约增加了 1.6 亩（见表 6－2）。

表 6－2　主要变量的统计描述

| 类别 | 变量 | 变量名 | 2003 | | 2007 | | 2011 | | 2015 | |
|---|---|---|---|---|---|---|---|---|---|---|
| | | | 均值 | 标准差 | 均值 | 标准差 | 均值 | 标准差 | 均值 | 标准差 |
| Y | $Y_5$ | 造林面积 | 0.1147 | 1.6820 | 0.3428 | 5.7611 | 0.5356 | 8.1721 | 0.4045 | 3.5749 |
| | $Y_6$ | 造林资本投入 | 16.4183 | 266.7303 | 183.9333 | 4410.2710 | 274.0783 | 4667.2200 | 80.2767 | 785.4871 |
| | $Y_7$ | 造林劳动力投入 | 0.3300 | 3.2757 | 0.9117 | 11.8370 | 1.5592 | 24.4281 | 0.9142 | 9.8657 |
| | $Y_8$ | 抚育劳动力投入 | 0.5442 | 9.4340 | 0.4300 | 5.8808 | 1.0058 | 13.2357 | 0.2483 | 4.5854 |
| R | $R_1$ | 是否确权 | 0.0567 | 0.2313 | 0.3958 | 0.4892 | 0.7500 | 0.4332 | 0.7975 | 0.4020 |
| IV | IV | 第一大姓占全村人数的比例 | 0.3535 | 0.2382 | 0.3535 | 0.2382 | 0.3535 | 0.2382 | 0.3535 | 0.2382 |
| MD | $P_1$ | 利率增长率 | 1.0000 | 0.0000 | 1.3214 | 0.0000 | 1.3110 | 0.0000 | 0.7273 | 0.0000 |
| | $P_2$ | 非农劳动力价格 | 40.5857 | 16.1386 | 44.2698 | 17.6421 | 49.8076 | 18.2932 | 67.3621 | 23.5717 |
| | $P_3$ | 木材价格 | 203.3940 | 76.5962 | 339.1470 | 149.0249 | 401.0670 | 182.7306 | 446.4740 | 189.2675 |
| POL | $POL_1$ | 采伐申请是否容易 | 0.0000 | 0.0000 | 0.0000 | 0.0000 | 0.4767 | 0.4997 | 0.6333 | 0.4821 |
| | $POL_2$ | 是否有造林补贴 | 0.0000 | 0.0000 | 0.0000 | 0.0000 | 0.5650 | 0.4960 | 0.7483 | 0.4342 |
| | $POL_3$ | 是否参加林业合作社 | 0.0000 | 0.0000 | 0.0000 | 0.0000 | 0.0225 | 0.1484 | 0.0417 | 0.1999 |
| | $POL_4$ | 是否有林业保险 | 0.0000 | 0.0000 | 0.0000 | 0.0000 | 0.3067 | 0.4613 | 0.6375 | 0.4809 |
| | $POL_5$ | 是否有林权抵押贷款 | 0.0000 | 0.0000 | 0.0000 | 0.0000 | 0.0200 | 0.1401 | 0.0392 | 0.1941 |
| HVC | $HVC_1$ | 户主年龄 | 44.8933 | 10.5322 | 48.8933 | 10.5322 | 52.8933 | 10.5322 | 56.3067 | 10.3845 |
| | $HVC_2$ | 户主是否村干部 | 0.2767 | 0.4475 | 0.2767 | 0.4475 | 0.2400 | 0.4273 | 0.2200 | 0.4144 |
| | $HVC_3$ | 户主受教育年限 | 7.2683 | 2.6294 | 7.2683 | 2.6294 | 7.4308 | 2.8140 | 7.2717 | 3.1730 |
| | $HVC_6$ | 林业收入占总收入比例 | 10.85 | 0.2128 | 11.81 | 0.2145 | 11.90 | 0.2216 | 9.63 | 0.1840 |
| | $HVC_9$ | 是否硬化路面 | 0.6058 | 0.4889 | 0.6058 | 0.4889 | 0.7183 | 0.4500 | 0.9608 | 0.1941 |
| FC | $FC_1$ | 林地面积 | 29.6097 | 62.2022 | 36.7189 | 69.9745 | 43.3036 | 76.4785 | 44.3038 | 76.7085 |
| | $FC_2$ | 是否采伐木材 | 0.0508 | 0.2197 | 0.0567 | 0.2313 | 0.0392 | 0.1941 | 0.0292 | 0.1683 |
| | $FC_3$ | 宜林荒山荒地面积 | 0.4227 | 6.5619 | 0.4483 | 6.5737 | 0.8494 | 10.7429 | 0.1780 | 3.7363 |

续表

| 类别 | 变量 | 变量名 | 2003 | | 2007 | | 2011 | | 2015 | |
|---|---|---|---|---|---|---|---|---|---|---|
| | | | 均值 | 标准差 | 均值 | 标准差 | 均值 | 标准差 | 均值 | 标准差 |
| FC | $FC_4$ | 农地面积 | 3. 7099 | 4. 2413 | 3. 8981 | 4. 2712 | 5. 0040 | 6. 0248 | 5. 2766 | 11. 9086 |
| | $FC_5$ | 小规模农户林地面积 | 1. 7404 | 2. 4338 | 2. 2250 | 2. 5904 | 3. 0570 | 2. 5909 | 3. 3580 | 2. 6753 |
| | $FC_6$ | 中等规模农户林地面积 | 17. 2965 | 6. 0561 | 17. 7461 | 6. 2309 | 17. 7026 | 6. 2331 | 18. 5145 | 6. . 5084 |
| | $FC_7$ | 大规模农户林地面积 | 110. 2114 | 95. 0307 | 108. 9947 | 99. 0727 | 113. 4518 | 103. 3133 | 111. 5695 | 103. 5123 |

数据来源：国家林业局经济发展研究中心 2003 年、2007—2015 年跟踪调研数据。

表6－1中的结果亦显示：样本农户户主基本上为中年人；样本农户户主接受了7年左右教育；林业收入在农户总收入的比重基本维持在10%左右；村级道路状况明显改善。在2003年至2015年期间，非农劳动力成本、农户使用资本的成本（利率）和木材价格均呈现出明显上升态势；利率增长率最高，其次为木材价格，非农劳动力成本增长最为缓慢，但也增长了65.97%。

### 6.2.3 研究方法

1. 双重差分模型

Roy[183]和Rubin[184]所提出的影响分析框架已在政策或制度变迁的影响分析中得到广泛应用。借鉴已有政策或制度变迁影响分析的文献，本章的目的在于分析新一轮集体林地确权对农户造林和抚育等长期投入的影响，需要建立新一轮集体林地确权与农户林业长期投入变化之间的因果关系，由于仅能观测到农户林地确权（$Y_1$）和未确权（$Y_0$）中的一种状态，类似于计量经济学中数据缺失问题，因此，采用反事实分析，需要估计新一轮集体林地确权农户与未确权农户的林业长期投入之间的平均差异，即：

$$\Delta = Y_1 - Y_0 \text{ 或 } Y_{it} = R_{it} Y_{it1} + (1 - R_{it}) Y_{it0} \tag{6-1}$$

把农户理性假说作为本章研究的切入点，农户对集体林地确权、相关政策的调整、市场价格变化等做出反应，以期实现其林地林木经营利润最大化。林地权属对投资的影响呈现出时空差异，时空差异主要取决于当地社会经济与森林资源背景。本章把影响农户林业长期投入的影响因素分为林地确权（$R_t$）、市场（$MD_{it}$）、政策（$POL_{it}$）、户主与村庄特征（$HVC_{it}$）

以及资源状况（$FC_{it}$）等 5 类。就面板数据而言，仅仅考虑集体林地确权对农户林业长期投入的影响，应用双重差分法，则（6－1）式的计量经济学模型变为：

$$Y_{it} = \alpha + \tau_{DID} R_{it} + \sum_{j=1}^{a} \theta_j MD_{jit} + \sum_{l=1}^{b} \sigma_l POL_{lit} + \sum_{m=1}^{c} \omega_m HVC_{mit} + \sum_{n=1}^{d} v_n FC_{nit} + \sum_{p=2003}^{2015} \mu_j Year_{jt} + \sum_{k=1}^{e} \rho_k Village_{ki} + \varepsilon_{it} \quad (6-2)$$

其中：Y 为农户林业（包括造林和森林抚育）长期投入（劳动力或资本）；R 为集体林地确权二分虚拟变量（确权，则 R＝1；反之，则 R＝0）；i 为第 i 样本农户，t 为年度变量（t＝1，2，3，…．，13；2003＝1）；a，b，c，d 分别为市场、政策、户主与村庄特征以及资源状况的变量数；j，l，m，n 分别为市场、政策、户主与村庄特征以及资源状况的第 j，k，m，n 个变量；$\alpha$，$\tau_{DID}$，$\theta$，$\sigma$，$\omega$，$v$ 为待估参数；$\varepsilon_{it}$为误差项。

2. 集体林地确权与林业长期投入的内生性

已有一些研究认为投入与土地安全性之间存在双向因果关系，土地权属安全对投资产生影响的同时，又需投资维持土地权属的安全，如对于获得临时或脆弱产权的农户而言，为保障土地权属的安全，他们造林或修建梯田进行投资。因此，若不考虑投入增强林地权属安全性的话，则会影响到新一轮集体林地确权对农户长期投入影响的估计结果。

但是，中国集体林地权属安全性可能并不需要增加投资来实现，这与其自身特点有关，新一轮集体林地确权是村民的共有林地权属，确定集体林权制度改革方案需要得到 2/3 的村民或村民代表的同意，根据林地距离远近和土地生产力水平平均分配，在实地勘察和周边林权人认可的基础上，张榜公示，然后，发放附有地块地理信息的、全国统一的林权证。在一定程度上，中国政府提供了新一轮集体林地确权的公共产品服务。排除新一轮集体林地确权内生性，本章可更为准确地估计新一轮集体林地确权对农户林业长期投入的影响。

3. 集体林地确权的阶梯效应

新一轮集体林权制度改革是在全国逐步展开的，本章选择的案例县亦是在不同年度开展新一轮集体林权制度改革的，如福建省的顺昌县和沙县在2003年实施集体林权制度改革；山东省的蒙阴县和莱州市在2009年实施此项改革。阶梯式参与新一轮集体林权制度改革是否会出现样本农户的林业长期投入行为与参与年度出现相关性和阿森费尔特沉降，进而影响对样本农户林业长期投入的估计结果，即阶梯效应[211]，在政策和制度变迁影响评估中，已有研究对此给予关注。

是否存在阶梯效应需要考虑如下两个方面的问题：一是新一轮集体林地确权之前的农户林业长期投资与其参与新一轮集体林地确权的年度是否存在相关性；二是为了检验是否存在阿森费尔特沉降，需要检验新一轮集体林地确权前一年的农户林业长期投资不出现显著异常现象。中国新一轮集体林权制度改革从2003年开始试点，2013年，基本完成了新一轮集体林地确权工作，分为11个年度，即j=1，2，3，…11。每个村民小组或行政村的新一轮集体林地确权后，即实施林地确权工作。本文采用下面的（6－4）式检验样本农户的林业长期投入行为与参与年度出现相关性：

$$Y_{iT} = \alpha_1 + \sum \epsilon_k T_k + \varepsilon_{it} \tag{6-3}$$

采用下面的（6－4）式检验是否存在阿森费尔特沉降：

$$Y_{it} = \alpha_2 + \vartheta B + \varepsilon_{it} \qquad (6-4)$$

在（6-3）和（6-4）式中：$Y_{iT}$为第 i 个样本农户新一轮集体林地确权前 T 年的林业长期投入；$T_k$为第 i 个农户所在行政村确权年度，若在$T_k$年度确权，则$T_k=1$；否则$T_k=0$；B 为第 i 个样本农户所在行政村新一轮集体林地确权的前一年的虚拟变量，若新一轮集体林地确权的前一年，则 B=1；否则 B=0；$\alpha_1$，$\alpha_2$，$\vartheta$ 和 $\epsilon$ 为待估参数。

若 $\epsilon$ 和 $\vartheta$ 在 5% 水平上显著，则表示存在样本农户的林业长期投入与参与新一轮集体林地确权年度之间存在相关性和阿森费尔特沉降；否则，则不存在着相关性和阿森费尔特沉降。若存在样本农户林业长期投入与新一轮集体林地确权时间的相关关系，那么需要对模型（式 6-2）进行调整。根据本章的检验结果：农户林业长期投入与参加新一轮集体林地确权的年度不存在相关关系，亦不存在阿森费尔特沉降（见表 6-3）。

**表 6-3　检验集体林地确权的阶梯效应**

| 变量名 | ln 造林面积 | Δ 造林面积 | ln 造林面积 | ln 造林投资 | Δ 造林投资 | ln 造林投资 |
|---|---|---|---|---|---|---|
| 确权 =1，未确权 =0 | 0.1241<br>(0.1041) | | 0.1263<br>(0.1042) | 0.2271<br>(0.1422) | | 0.257*<br>(0.141) |
| 确权那一年 =1，其他 =0 | | 0.5614*<br>(0.3022) | | | 1.2502<br>(39.423) | |
| 确权前一年 =1，其他 =0 | | | 0.0092<br>(0.1010) | | | 0.0980<br>(0.1394) |
| 样本量 | 12000 | 9600 | 12000 | 12000 | 9600 | 12000 |
| **变量名** | **ln 造林劳动力** | **Δ 造林劳动力** | **ln 造林劳动力** | **Ln 抚育劳动力** | **Δ 抚育劳动力** | **ln 抚育劳动力** |
| 确权 =1，未确权 =0 | 0.1132<br>(0.1114) | | 0.1072<br>(0.1144) | 0.0890<br>(0.0993) | | 0.1203<br>(0.1104) |
| 确权那一年 =1，其他 =0 | | 3.3415<br>(2.5823) | | | 1.3033*<br>(0.7213) | |

续表

| 变量名 | ln 造林劳动力 | Δ 造林劳动力 | ln 造林劳动力 | Ln 抚育劳动力 | Δ 抚育劳动力 | ln 抚育劳动力 |
|---|---|---|---|---|---|---|
| 确权前一年 =1，其他 =0 | | | -0.0186<br>(0.1043) | | | 0.1022<br>(0.0969) |
| 样本量 | 12000 | 9600 | 12000 | 12000 | 9600 | 12000 |

注：（1）本表仅汇报各个确权变量的回归系数，其他自变量分为 4 大类：一为市场因素，包括利率增长率、非农劳动力价格和木材价格；二为政策，包括采伐申请是否容易、当地是否有造林补贴、是否参加林业合作社、是否有林业保险、是否有林权抵押贷款等五个变量；三是农户特征，包括户主年龄、户主是否村干部、户主受教育年限、是否硬化路面和林业收入占总收入比重；四是资源状况，包括是否采伐木材、宜林荒山荒地面积、农地面积和林地资源状况。（2）数据来源：国家林业局经济发展研究中心 2003 年、2007—2015 年跟踪调研数据；（3）括号内为标准差，***、** 和 * 分别表示在 1%、5% 和 10% 的水平上显著。

# 6.3 经验性结果

根据提出的研究框架和研究方法，利用6－2式，估计新一轮集体林地确权对样本农户造林面积、造林资本以及造林与抚育劳动力等长期投入的影响，经验性结果见表6－4和表6－5。同时，本章也探讨了新一轮集体林地确权前的集体林产权状况是否导致新一轮集体林地确权对农户林业长期投入产生不同影响，即学界称为的“非洲权属效应”[175]。

## 6.3.1 集体林地确权对林业长期投入影响

新一轮集体林地确权促进了农户的林业长期投资（见表6－4和6－5）。表6－4和6－5中对农户造林面积、造林资本投入、造林劳动力投入和抚育劳动力投入分别进行了回归，并逐渐增加控制变量。表6－4中的第（1）列和（7）列的结果显示：新一轮集体林地确权对样本农户造林面积和造林资本投入的影响为正且在1%水平上显著；在6－2式中加入年度控制变量以后，该回归系数依然为正，但在同时加入其他控制变量时该系数显著性降低或变得不显著。表6－5中的第（1）和第（7）列结果显示：

新一轮集体林地确权对农户造林劳动力投入和抚育劳动力投入均在1%的显著性水平上有正向促进作用。当同时加入其他控制变量以及年度虚拟变量后，新一轮集体林地确权对农户造林和抚育劳动力投入的影响同样为正，但系数变得不显著了。

就新一轮集体林权制度改革的配套改革措施（POL）而言，越容易申请到采伐指标（$POL_1$）显著地促进样本农户造林面积、造林资本投入、造林与抚育劳动力投入（见表6－4和6－5）。在（6－2）式中不控制年度虚拟变量的情况下，造林抚育补贴（$POL_2$）和森林保险（$POL_4$）政策对样本农户造林面积和造林劳动力投入产生了正向影响；若控制随时间改变的因素的影响，则这两项政策对其造林面积和劳动力投入的影响为负，但无论正负影响均不显著。农户参加农民林业专业合作社（$POL_3$）和林权抵押贷款（$POL_5$）对农户各项林业长期投入均没有产生显著影响（见表6－4和6－5）。

与本章预期的一样，利率增长率和非农劳动力价格越高，则样本农户不愿意进行林业长期投入。其中，利率增长率高，说明资金成本在上升，农户经营林业的成本增加，因此会降低其经营意愿。而随着非农劳动力价格上升，会吸引农户更多地从事非农行业，降低林业经营意愿。木材价格对样本农户林业长期投入产生了不显著的正向影响，可见木材价格对农户的林业经营影响不大，这与农户采伐需要采伐证等审批手续也有关系，因为农户在获取经营林业收益方面受到一定程度的限制，进而影响农户的林业经营积极性（见表6－4和表6－5）。

样本农户户主年龄越大，则对造林面积和造林资本投入影响的可能性越小（见表 6－4）；表 6－5 的经验性结果亦显示：样本农户户主年龄越大，则他们越不愿意对森林进行造林和抚育投劳。户主年龄越大，其本身劳动能力和拥有的资本量不足，同时户主年龄越大，则他们可获得造林和森林抚育投入的回报越少。其他样本农户和村级特征变量均未对其造林和森林抚育产生显著影响（见表 6－4 和表 6－5）。

资源状况变量对样本农户的造林面积、资本和劳动力投入产生了显著影响。林地面积大小（$FC_1$）直接影响到样本农户的造林面积、资本和劳动力投入，其资本和劳动力投入弹性在 0.03—0.04 之间（见表 6－4 和 6－5）。并且随着林地规模的增加，确权对各项林业长期投入的影响会增加，对小规模农户的影响最小，而对大规模农户有 1% 显著性水平的正向影响。采伐森林资源以后出现了采伐迹地（$FC_2$）显著地增加样本农户进行造林投资与投劳的可能性；宜林荒山荒地面积（$FC_3$）越大，则样本农户进行造林投入量越高。对于农户造林行为而言，首先要有林地资源，这对林业长期投入而言是很重要的，因此这对农户投入的影响很大。此外，农地面积的大小直接影响到农户对造林的投入，林业和农业生产具有联合性，且农地面积越大，样本农户的以土地为基础的投入越大，因此，样本农户也更希望增加其对林地投资投劳。表 6－5 中的经验性结果显示：除了宜林荒山荒地面积以外，其他资源状况变量对样本农户的抚育投劳产生了显著正向影响，因为森林抚育首先要有林木，因此宜林荒山荒地对抚育劳动力投入没有影响。

**表 6－4　　集体林地确权对农户造林面积和造林资本投入的经验性结果**

| 类别 | 变量 | 变量名 | 造林面积 | | | | | | 造林资本投入 | | | | | |
|---|---|---|---|---|---|---|---|---|---|---|---|---|---|---|
| | | | (1) | (2) | (3) | (4) | (5) | (6) | (7) | (8) | (9) | (10) | (11) | (12) |
| R | $R_1$ | 是否确权 | 0.2068*** | 0.0978** | 0.0749 | 0.1004** | 0.0785 | 0.0466 | 0.3132*** | 0.1711*** | 0.1420** | 0.1647** | 0.1235* | 0.0829 |
| | | | (0.0412) | (0.0465) | (0.0465) | (0.0468) | (0.0493) | (0.0494) | (0.0569) | (0.0643) | (0.0643) | (0.0647) | (0.0683) | (0.0684) |
| MD | $P_1$ | 利率增长率 | | −0.2341** | −0.2432** | | −1.2605*** | −1.4247*** | | −0.2293* | −0.2407* | | −1.5795*** | −1.7848*** |
| | | | | (0.0953) | (0.0951) | | (0.4208) | (0.4205) | | (0.1320) | (0.1317) | | (0.5825) | (0.5823) |
| | $P_2$ | 非农劳动力价格 | | −0.4041*** | −0.4107*** | | −0.4478*** | −0.4535*** | | −0.4051*** | −0.4137*** | | −0.4409*** | −0.4484*** |
| | | | | (0.0561) | (0.0560) | | (0.0576) | (0.0575) | | (0.0776) | (0.0775) | | (0.0798) | (0.0796) |
| | $P_3$ | 木材价格 | | 0.0445 | 0.0473* | | 0.0394 | 0.0399 | | 0.0225 | 0.0264 | | 0.0095 | 0.0105 |
| | | | | (0.0276) | (0.0275) | | (0.0284) | (0.0284) | | (0.0382) | (0.0381) | | (0.0394) | (0.0393) |
| POL | $POL_1$ | 采伐申请是否容易 | | 0.2118*** | 0.2206*** | | 0.1521*** | 0.1541*** | | 0.3273*** | 0.3384*** | | 0.2444*** | 0.2472*** |
| | | | | (0.0459) | (0.0458) | | (0.0485) | (0.0484) | | (0.0635) | (0.0634) | | (0.0671) | (0.0670) |
| | $POL_2$ | 当地是否有造林补贴 | | 0.0880* | 0.0847* | | −0.0331 | −0.0466 | | 0.0776 | 0.0731 | | −0.0814 | −0.0986 |
| | | | | (0.0449) | (0.0448) | | (0.0515) | (0.0514) | | (0.0622) | (0.0621) | | (0.0713) | (0.0712) |
| | $POL_3$ | 是否参加林业合作社 | | 0.1032 | 0.0746 | | 0.0558 | 0.0242 | | 0.1064 | 0.0697 | | 0.0523 | 0.0116 |
| | | | | (0.1415) | (0.1413) | | (0.1415) | (0.1413) | | (0.1960) | (0.1957) | | (0.1959) | (0.1956) |
| | $POL_4$ | 是否有林业保险 | | 0.0866* | 0.0726 | | −0.0190 | −0.0374 | | 0.0519 | 0.0351 | | −0.0750 | −0.0976 |
| | | | | (0.0506) | (0.0505) | | (0.0532) | (0.0532) | | (0.0700) | (0.0700) | | (0.0737) | (0.0737) |
| | $POL_5$ | 是否有林权抵押贷款 | | 0.1712 | 0.0440 | | 0.1956 | 0.0690 | | 0.2844 | 0.1204 | | 0.3217 | 0.1572 |
| | | | | (0.1518) | (0.1526) | | (0.1515) | (0.1523) | | (0.2101) | (0.2114) | | (0.2097) | (0.2109) |
| HVC | $HVC_1$ | 户主年龄 | | −0.1300 | −0.1064 | | −0.1994** | −0.1837* | | −0.2297* | −0.1999 | | −0.3300** | −0.3098** |
| | | | | (0.0943) | (0.0942) | | (0.0959) | (0.0957) | | (0.1306) | (0.1304) | | (0.1328) | (0.1326) |
| | $HVC_2$ | 户主是否村干部 | | −0.0252 | −0.0206 | | −0.0144 | −0.0088 | | −0.0437 | −0.0378 | | −0.0296 | −0.0225 |
| | | | | (0.0457) | (0.0456) | | (0.0457) | (0.0456) | | (0.0633) | (0.0632) | | (0.0632) | (0.0631) |
| | $HVC_3$ | 户主受教育年限 | | 0.0037 | 0.0029 | | 0.0044 | 0.0036 | | 0.0032 | 0.0021 | | 0.0036 | 0.0024 |
| | | | | (0.0100) | (0.0100) | | (0.0100) | (0.0100) | | (0.0139) | (0.0139) | | (0.0139) | (0.0139) |

续表

| 类别 | 变量 | 变量名 | 造林面积 | | | | | | 造林资本投入 | | | | | |
|---|---|---|---|---|---|---|---|---|---|---|---|---|---|---|
| | | | (1) | (2) | (3) | (4) | (5) | (6) | (7) | (8) | (9) | (10) | (11) | (12) |
| HVC | $HVC_9$ | 是否硬化路面 | | -0.0026<br>(0.0476) | 0.0416<br>(0.0479) | | -0.0603<br>(0.0486) | -0.0168<br>(0.0489) | | -0.0009<br>(0.0659) | 0.0545<br>(0.0663) | | -0.0685<br>(0.0673) | -0.0133<br>(0.0677) |
| HVC | $HVC_6$ | 林业收入占总收入比重 | | 0.0201<br>(0.0982) | -0.0240<br>(0.0982) | | 0.0095<br>(0.0982) | -0.0398<br>(0.0982) | | 0.0224<br>(0.1359) | -0.0319<br>(0.1360) | | -0.0064<br>(0.1359) | -0.0681<br>(0.1361) |
| FC | $FC_1$ | 林地面积 | | 0.0334***<br>(0.0055) | | | 0.0349***<br>(0.0055) | | | 0.0400***<br>(0.0076) | | | 0.0417***<br>(0.0076) | |
| FC | $FC_2$ | 是否采伐木材 | | 0.8121***<br>(0.1014) | 0.6954***<br>(0.1026) | | 0.8285***<br>(0.1013) | 0.7113***<br>(0.1025) | | 1.1086***<br>(0.1404) | 0.9586***<br>(0.1421) | | 1.1298***<br>(0.1403) | 0.9782***<br>(0.1419) |
| FC | $FC_3$ | 宜林荒山荒地面积 | | 0.0236**<br>(0.0108) | 0.0200*<br>(0.0108) | | 0.0230**<br>(0.0108) | 0.0193*<br>(0.0108) | | 0.0335**<br>(0.0149) | 0.0289*<br>(0.0149) | | 0.0315**<br>(0.0149) | 0.0268*<br>(0.0149) |
| FC | $FC_4$ | 农地面积 | | 0.0099*<br>(0.0055) | 0.0130**<br>(0.0055) | | 0.0082<br>(0.0056) | 0.0110**<br>(0.0056) | | 0.0178**<br>(0.0076) | 0.0217***<br>(0.0076) | | 0.0151**<br>(0.0077) | 0.0187**<br>(0.0077) |
| FC | $FC_5$ | 小规模农户林地面积 | | | 0.0036<br>(0.0071) | | | 0.0035<br>(0.0071) | | | 0.0030<br>(0.0099) | | | 0.0023<br>(0.0099) |
| FC | $FC_6$ | 中等规模农户林地面积 | | | 0.0183***<br>(0.0062) | | | 0.0199***<br>(0.0062) | | | 0.0201**<br>(0.0086) | | | 0.0219**<br>(0.0086) |
| FC | $FC_7$ | 大规模农户林地面积 | | | 0.0380***<br>(0.0056) | | | 0.0394***<br>(0.0056) | | | 0.0461***<br>(0.0078) | | | 0.0477***<br>(0.0078) |
| | | 年度虚拟变量 | 未控制 | 未控制 | 未控制 | 控制 | 控制 | 控制 | 未控制 | 未控制 | 未控制 | 控制 | 控制 | 控制 |
| | | 常数项 | -8.9141***<br>(0.0333) | -6.8075***<br>(0.4335) | -6.5497***<br>(0.4480) | -9.0425***<br>(0.0619) | -5.3775***<br>(0.6505) | -4.9269***<br>(0.6598) | -8.8533***<br>(0.0460) | -6.1682***<br>(0.6002) | -5.8822***<br>(0.6205) | -9.0629***<br>(0.0856) | -4.3670***<br>(0.9004) | -3.8481***<br>(0.9138) |
| | | 样本量 | 12000 | 12000 | 12000 | 12000 | 12000 | 12000 | 12000 | 12000 | 12000 | 12000 | 12000 | 12000 |
| | | $R^2$ | 0.0021 | 0.0223 | 0.0269 | 0.0087 | 0.0278 | 0.0326 | 0.0025 | 0.0198 | 0.0236 | 0.0094 | 0.0257 | 0.0298 |

注：（1）数据来源：国家林业局经济发展研究中心 2003 年、2007—2015 年跟踪调研数据；（2）括号内为标准差，***、** 和 * 分别表示在 1%、5% 和 10% 的水平上显著。

表 6－5　　集体林地确权对造林和抚育劳动力投入影响的经验性结果

| 类别 | 变量 | 变量名 | 造林劳动力投入 | | | | | | 抚育劳动力投入 | | | | | |
|---|---|---|---|---|---|---|---|---|---|---|---|---|---|---|
| | | | (1) | (2) | (3) | (4) | (5) | (6) | (7) | (8) | (9) | (10) | (11) | (12) |
| R | $R_1$ | 是否确权 | 0.1908***<br>(0.0434) | 0.0860*<br>(0.0490) | 0.0644<br>(0.0490) | 0.0792<br>(0.0494) | 0.0695<br>(0.0520) | 0.0392<br>(0.0521) | 0.1401***<br>(0.0363) | 0.0702*<br>(0.0410) | 0.0561<br>(0.0410) | 0.0738*<br>(0.0412) | 0.0436<br>(0.0435) | 0.0234<br>(0.0436) |
| MD | $P_1$ | 利率增长率 | | −0.2878***<br>(0.1005) | −0.2964***<br>(0.1003) | | −1.2521***<br>(0.4435) | −1.4101***<br>(0.4434) | | −0.0523<br>(0.0841) | −0.0579<br>(0.0840) | | −0.1512<br>(0.3710) | −0.2590<br>(0.3712) |
| | $P_2$ | 非农劳动力价格 | | −0.4632***<br>(0.0591) | −0.4693***<br>(0.0590) | | −0.5125***<br>(0.0608) | −0.5178***<br>(0.0606) | | −0.3046***<br>(0.0495) | −0.3084***<br>(0.0494) | | −0.2952***<br>(0.0508) | −0.2985***<br>(0.0508) |
| | $P_3$ | 木材价格 | | 0.0453<br>(0.0291) | 0.0478*<br>(0.0290) | | 0.0432<br>(0.0300) | 0.0434<br>(0.0299) | | 0.0077<br>(0.0243) | 0.0091<br>(0.0243) | | 0.0013<br>(0.0251) | 0.0011<br>(0.0251) |
| POL | $POL_1$ | 采伐申请是否容易 | | 0.2344***<br>(0.0484) | 0.2426***<br>(0.0483) | | 0.1698***<br>(0.0511) | 0.1716***<br>(0.0510) | | 0.2096***<br>(0.0405) | 0.2150***<br>(0.0405) | | 0.1672***<br>(0.0427) | 0.1682***<br>(0.0427) |
| | $POL_2$ | 当地是否有造林补贴 | | 0.0907*<br>(0.0474) | 0.0878*<br>(0.0473) | | −0.0389<br>(0.0543) | −0.0516<br>(0.0542) | | 0.0292<br>(0.0396) | 0.0275<br>(0.0396) | | −0.0450<br>(0.0454) | −0.0534<br>(0.0454) |
| | $POL_3$ | 是否参加林业合作社 | | 0.0565<br>(0.1492) | 0.0298<br>(0.1490) | | 0.0056<br>(0.1492) | −0.0240<br>(0.1490) | | 0.1407<br>(0.1249) | 0.1236<br>(0.1248) | | 0.1251<br>(0.1248) | 0.1059<br>(0.1247) |
| | $POL_4$ | 是否有林业保险 | | 0.0957*<br>(0.0533) | 0.0821<br>(0.0533) | | −0.0173<br>(0.0561) | −0.0353<br>(0.0561) | | 0.0598<br>(0.0446) | 0.0503<br>(0.0447) | | 0.0063<br>(0.0469) | −0.0063<br>(0.0470) |
| | $POL_5$ | 是否有林权抵押贷款 | | 0.1407<br>(0.1600) | 0.0222<br>(0.1610) | | 0.1661<br>(0.1597) | 0.0481<br>(0.1606) | | 0.0827<br>(0.1339) | 0.0074<br>(0.1348) | | 0.1037<br>(0.1336) | 0.0278<br>(0.1345) |
| HVC | $HVC_1$ | 户主年龄 | | −0.1005<br>(0.0994) | −0.0782<br>(0.0993) | | −0.1690*<br>(0.1011) | −0.1542<br>(0.1010) | | −0.1432*<br>(0.0832) | −0.1286<br>(0.0832) | | −0.1766**<br>(0.0846) | −0.1669**<br>(0.0845) |
| | $HVC_2$ | 户主是否村干部 | | −0.0324<br>(0.0482) | −0.0281<br>(0.0481) | | −0.0209<br>(0.0481) | −0.0156<br>(0.0481) | | 0.0551<br>(0.0404) | 0.0579<br>(0.0403) | | 0.0610<br>(0.0403) | 0.0645<br>(0.0402) |
| | $HVC_3$ | 户主受教育年限 | | 0.0051<br>(0.0106) | 0.0044<br>(0.0106) | | 0.0060<br>(0.0106) | 0.0052<br>(0.0105) | | 0.0065<br>(0.0089) | 0.0060<br>(0.0089) | | 0.0063<br>(0.0088) | 0.0058<br>(0.0088) |

续表

| 类别 | 变量 | 变量名 | 造林劳动力投入 | | | | | | 抚育劳动力投入 | | | | | |
|---|---|---|---|---|---|---|---|---|---|---|---|---|---|---|
| | | | (1) | (2) | (3) | (4) | (5) | (6) | (7) | (8) | (9) | (10) | (11) | (12) |
| HVC | $HVC_9$ | 是否硬化路面 | | 0.0050<br>(0.0502) | 0.0468<br>(0.0505) | | -0.0568<br>(0.0513) | -0.0154<br>(0.0515) | | -0.0140<br>(0.0420) | 0.0136<br>(0.0423) | | -0.0359<br>(0.0429) | -0.0083<br>(0.0431) |
| | $HVC_6$ | 林业收入占总收入比重 | | 0.0167<br>(0.1035) | -0.0255<br>(0.1036) | | 0.0071<br>(0.1035) | -0.0403<br>(0.1036) | | -0.0583<br>(0.0866) | -0.0867<br>(0.0868) | | -0.0895<br>(0.0866) | -0.1219<br>(0.0867) |
| FC | $FC_1$ | 林地面积 | | 0.0326***<br>(0.0058) | | | 0.0343***<br>(0.0058) | | | 0.0237***<br>(0.0049) | | | 0.0244***<br>(0.0048) | |
| | $FC_2$ | 是否采伐木材 | | 0.8705***<br>(0.1069) | 0.7615***<br>(0.1082) | | 0.8896***<br>(0.1068) | 0.7802***<br>(0.1080) | | 0.6766***<br>(0.0895) | 0.6070***<br>(0.0906) | | 0.6855***<br>(0.0893) | 0.6148***<br>(0.0905) |
| | $FC_3$ | 宜林荒山荒地面积 | | 0.0280**<br>(0.0114) | 0.0246**<br>(0.0114) | | 0.0275**<br>(0.0114) | 0.0239**<br>(0.0114) | | 0.0015<br>(0.0095) | -0.0008<br>(0.0095) | | -0.0014<br>(0.0095) | -0.0037<br>(0.0095) |
| | $FC_4$ | 农地面积 | | 0.0116**<br>(0.0058) | 0.0146**<br>(0.0058) | | 0.0099*<br>(0.0059) | 0.0126**<br>(0.0059) | | 0.0088*<br>(0.0048) | 0.0108**<br>(0.0049) | | 0.0079<br>(0.0049) | 0.0097**<br>(0.0049) |
| | $FC_5$ | 小规模农户林地面积 | | | 0.0041<br>(0.0075) | | | 0.0041<br>(0.0075) | | | 0.0046<br>(0.0063) | | | 0.0039<br>(0.0063) |
| | $FC_6$ | 中等规模农户林地面积 | | | 0.0187***<br>(0.0065) | | | 0.0205***<br>(0.0065) | | | 0.0150***<br>(0.0055) | | | 0.0158***<br>(0.0055) |
| | $FC_7$ | 大规模农户林地面积 | | | 0.0368***<br>(0.0059) | | | 0.0383***<br>(0.0059) | | | 0.0261***<br>(0.0050) | | | 0.0268***<br>(0.0050) |
| | | 年度虚拟变量 | 未控制 | 未控制 | 未控制 | 控制 | 控制 | 控制 | 未控制 | 未控制 | 未控制 | 控制 | 控制 | 控制 |
| | | 常数项 | -8.8943***<br>(0.0351) | -6.6065***<br>(0.4569) | -6.3441***<br>(0.4724) | -9.0170***<br>(0.0653) | -5.2245***<br>(0.6856) | -4.7736***<br>(0.6959) | -8.9924***<br>(0.0293) | -7.3658***<br>(0.3825) | -7.1522***<br>(0.3958) | -9.0645***<br>(0.0545) | -7.1950***<br>(0.5736) | -6.8618***<br>(0.5826) |
| | | 样本量 | 12000 | 12000 | 12000 | 12000 | 12000 | 12000 | 12000 | 12000 | 12000 | 12000 | 12000 | 12000 |
| | | $R^2$ | 0.0016 | 0.0227 | 0.0263 | 0.0084 | 0.0281 | 0.0320 | 0.0012 | 0.0175 | 0.0197 | 0.0093 | 0.0243 | 0.0268 |

注：(1) 数据来源：国家林业局经济发展研究中心 2003 年、2007—2015 年跟踪调研数据；(2) 括号内为标准差，***、** 和 * 分别表示在 1%、5% 和 10% 的水平上显著。

### 6.3.2 集体林地确权对不同省份农户林业长期投入的影响

接下来，采用6－2式把每个案例省的样本农户作为研究对象，所采用的模型结构与表6－4和表6－5中的模型结构相同，限于篇幅，本章仅报告新一轮集体林地确权对样本农户造林面积、资本投入、造林和抚育劳动力投入的经验性结果（见表6－6）。

表6－6的经验性结果表明：新一轮集体林地确权没有对山东和河南等省样本农户的林业长期投入产生显著影响。就6－2式的经验性结果而言，除了新一轮集体林地确权对四川、浙江和江西等省样本农户的造林资本投入、对四川和浙江省样本农户的造林劳动力投入、对四川省样本农户的森林抚育劳动力投入的影响为正向的，且在5%或10%水平上显著，对其他省区的样本农户的长期投入均未产生显著影响；若增加其他控制变量以后，则新一轮集体林地确权对四川、浙江和江西省样本农户的长期投入产生显著影响（见表6－6）。

新一轮集体林地确权刺激了广西壮族自治区样本农户的造林资本和劳动力投入，但尚未激起其对森林抚育劳动力投入；新一轮集体林地确权对福建省样本农户的造林资本投入、造林劳动力和森林抚育劳动力投入产生了正向影响，尤其是对其造林资本投入产生了显著影响（见表6－6）。

我们需要对表6－6中的经验性结果特别关注的是，新一轮集体林地确权对辽宁和湖南省样本农户的造林资本投入、造林和森林抚育劳动力投入均产生了显著正向影响。

**表 6－6　集体林地确权对不同省份农户林业长期投入影响的经验性结果**

| 省份 | 变量名 | 造林资本投入 | | | | | | 造林劳动力投入 | | | | | | 抚育劳动力投入 | | | | | |
|---|---|---|---|---|---|---|---|---|---|---|---|---|---|---|---|---|---|---|---|
| | | (1) | (2) | (3) | (4) | (5) | (6) | (7) | (8) | (9) | (10) | (11) | (12) | (13) | (14) | (15) | (16) | (17) | (18) |
| 山东 | 是否确权 | 0.0015 | -0.1215 | 0.0316 | -0.0720 | -0.2010 | -0.0596 | -0.0131 | -0.1081 | -0.0054 | -0.0689 | -0.1688 | -0.0762 | 0.0364 | -0.0275 | 0.0474 | 0.0068 | -0.0517 | 0.0215 |
| | | (0.1201) | (0.1423) | (0.1673) | (0.1265) | (0.1452) | (0.1721) | (0.0891) | (0.1055) | (0.1241) | (0.0938) | (0.1076) | (0.1276) | (0.0728) | (0.0864) | (0.1016) | (0.0768) | (0.0885) | (0.1048) |
| 河南 | 是否确权 | -0.1363 | -0.0006 | -0.0091 | 0.1356 | 0.1406 | 0.1278 | -0.0970 | -0.0027 | -0.0090 | 0.0960 | 0.0974 | 0.0878 | -0.0723* | -0.0409 | -0.0393 | 0.0173 | 0.0123 | 0.0131 |
| | | (0.0928) | (0.1303) | (0.1298) | (0.1393) | (0.1435) | (0.1431) | (0.0701) | (0.0985) | (0.0981) | (0.1053) | (0.1085) | (0.1082) | (0.0394) | (0.0550) | (0.0548) | (0.0592) | (0.0607) | (0.0605) |
| 辽宁 | 是否确权 | 0.5147*** | 0.5044** | 0.4626* | 0.4859** | 0.4448* | 0.4220* | 0.3762*** | 0.4275*** | 0.4012** | 0.3819*** | 0.3775** | 0.3639** | 0.2422** | 0.2770** | 0.2530* | 0.2615** | 0.2520* | 0.2393* |
| | | (0.1860) | (0.2392) | (0.2405) | (0.2142) | (0.2486) | (0.2490) | (0.1256) | (0.1613) | (0.1622) | (0.1446) | (0.1676) | (0.1679) | (0.1066) | (0.1373) | (0.1380) | (0.1228) | (0.1426) | (0.1429) |
| 湖南 | 是否确权 | 0.7524*** | 0.8999** | 0.9257** | 0.9826** | 0.5474 | 0.5838 | 0.5499*** | 0.7321** | 0.7691** | 0.8974*** | 0.5177 | 0.5640 | 0.5137*** | 0.7058** | 0.7134*** | 0.7812*** | 0.4377 | 0.4495 |
| | | (0.2379) | (0.3737) | (0.3748) | (0.3965) | (0.4195) | (0.4208) | (0.2001) | (0.3147) | (0.3156) | (0.3335) | (0.3535) | (0.3547) | (0.1754) | (0.2747) | (0.2756) | (0.2916) | (0.3078) | (0.3088) |
| 四川 | 是否确权 | 0.2728** | 0.0367 | 0.0419 | 0.0549 | -0.0869 | -0.0780 | 0.2320** | 0.0332 | 0.0378 | 0.0648 | -0.0481 | -0.0406 | 0.1710** | 0.0216 | 0.0275 | 0.0343 | -0.0628 | -0.0537 |
| | | (0.1241) | (0.1701) | (0.1696) | (0.1568) | (0.1846) | (0.1842) | (0.0939) | (0.1287) | (0.1283) | (0.1185) | (0.1397) | (0.1394) | (0.0837) | (0.1153) | (0.1149) | (0.1057) | (0.1252) | (0.1249) |
| 浙江 | 是否确权 | 0.2175* | 0.0663 | 0.1163 | 0.1954 | 0.0898 | 0.1904 | 0.1221* | -0.0152 | 0.0074 | 0.0849 | 0.0380 | 0.0833 | 0.0597 | -0.0203 | -0.0114 | 0.0465 | 0.0031 | 0.0128 |
| | | (0.1152) | (0.1588) | (0.1619) | (0.1600) | (0.2138) | (0.2224) | (0.0726) | (0.1000) | (0.1019) | (0.1006) | (0.1345) | (0.1399) | (0.0506) | (0.0697) | (0.0711) | (0.0701) | (0.0937) | (0.0975) |
| 江西 | 是否确权 | 0.5853* | 0.2001 | 0.2559 | 0.2149 | 0.0449 | 0.1069 | 0.0942 | -0.1299 | -0.1114 | -0.0054 | -0.1504 | -0.1105 | 0.0634 | -0.0181 | -0.0073 | 0.2001 | 0.1129 | 0.1391 |
| | | (0.3082) | (0.3618) | (0.3632) | (0.4825) | (0.5313) | (0.5324) | (0.2291) | (0.2696) | (0.2707) | (0.3584) | (0.3951) | (0.3961) | (0.2067) | (0.2431) | (0.2442) | (0.3235) | (0.3567) | (0.3577) |
| 福建 | 是否确权 | 0.3736** | 0.3147* | 0.2981 | 0.3846** | 0.3033 | 0.2870 | 0.1759 | 0.1294 | 0.1192 | 0.1833 | 0.1186 | 0.1083 | 0.1256 | 0.1048 | 0.0907 | 0.1338 | 0.1074 | 0.0932 |
| | | (0.1717) | (0.1850) | (0.1851) | (0.1758) | (0.1856) | (0.1857) | (0.1153) | (0.1245) | (0.1246) | (0.1179) | (0.1245) | (0.1246) | (0.0932) | (0.1007) | (0.1006) | (0.0960) | (0.1012) | (0.1011) |
| 广西 | 是否确权 | 1.0062*** | 0.3154 | 0.2567 | 0.5486*** | 0.1750 | 0.1250 | 0.8783*** | 0.2366 | 0.1648 | 0.4445*** | 0.1156 | 0.0533 | 0.1619 | -0.1303 | -0.1600 | -0.0822 | -0.2025 | -0.2390* |
| | | (0.1952) | (0.2214) | (0.2230) | (0.2086) | (0.2252) | (0.2269) | (0.1601) | (0.1822) | (0.1833) | (0.1705) | (0.1855) | (0.1867) | (0.1181) | (0.1356) | (0.1371) | (0.1251) | (0.1368) | (0.1382) |
| 市场因素 | | 否 | 是 | 是 | 否 | 是 | 是 | 否 | 是 | 是 | 否 | 是 | 是 | 否 | 是 | 是 | 否 | 是 | 是 |
| 政策 | | 否 | 是 | 是 | 否 | 是 | 是 | 否 | 是 | 是 | 否 | 是 | 是 | 否 | 是 | 是 | 否 | 是 | 是 |
| 农户特征 | | 否 | 是 | 是 | 否 | 是 | 是 | 否 | 是 | 是 | 否 | 是 | 是 | 否 | 是 | 是 | 否 | 是 | 是 |
| 资源状况 | | 否 | 是 | 是 | 否 | 是 | 是 | 否 | 是 | 是 | 否 | 是 | 是 | 否 | 是 | 是 | 否 | 是 | 是 |
| 年度虚拟变量 | | 否 | 否 | 否 | 是 | 是 | 是 | 否 | 否 | 否 | 是 | 是 | 是 | 否 | 否 | 否 | 是 | 是 | 是 |

注：(1) 本表仅汇报确权变量的回归系数，其他自变量分为 4 大类：市场因素、政策、农户特征、资源状况；(2) 其中列 (2)、(5)、(8)、(11)、(14) 和 (17) 的林地资源状况用林地面积来描述，列 (3)、(6)、(9)、(12)、(15) 和 (18) 林地资源状况用小规模农户林地面积、中等规模农户面积和大规模农户林地面积来描述；(3) 括号内为标准差，***、** 和 * 分别表示在 1%、5% 和 10% 的水平上显著。

表6-6中的结果与新一轮集体林权制度改革之前的产权状况存在密切关系，在新一轮集体林权制度改革之前，山东和河南省已采用拍卖等多种形式对集体林地进行确权，浙江、四川和江西等省是林业“三定”时期实施分林到户比较彻底，在终止林业“三定”之后，分林到户收回率比较低的省，新一轮集体林权制度改革之前，依然维持较高的分林到户率。新一轮集体林权制度改革之前，福建和广西等省区分林到户率比较低；在新一轮集体林权制度改革过程中，福建省案例县进行集体林地确权的方式之一就是预期均山，也就是说部分农户尚未获得确权的林地，需要等待若干年以后才能得到集体林地的使用权；在新一轮集体林权制度改革中，截止到2018年广西壮族自治区全区发证率仅有50%。在新一轮集体林权制度改革之前，湖南和辽宁省与其他一些案例省区一样，分林到户率比较低，但新一轮集体林权制度改革实施以后，这两个案例省区分林到户比较彻底。从这些分析中，我们可以得到初步结论：新一轮集体林地确权对样本农户林业长期投入的影响存在学界认为的非洲效应。

### 6.3.3 集体林地确权对不同林业经营规模农户的影响

在调研中发现，农户林地经营规模存在较大差异，有些农户通过流转等方式林地面积可高达几百亩甚至上千亩，统计可知拥有100亩以上林地的农户占14%，林地规模大小不同将对农户决策产生不同的影响。在此本章根据林地面积将农户分为三种经营规模，林地面积按从小到大排列，前33%的样本农户林地经营面积约0～9亩，中间33%的农户林地经营面积9～32亩，后33%的农户林地经营面积大于32亩，分别对这三种规模的农户进行回归。

在上述分析中，将林地面积划分大中小三类，并放入模型中，表6－4和表6－5结果显示：小、中等和大规模样本农户林地面积的造林面积、造林资本投入、造林与森林抚育投劳弹性差异明显，虽然均为正向影响，但其弹性系数依次由小变大，由不显著变为在1%水平上显著且弹性系数趋增。

本节将农户按照林地经营面积将样本分为大中小三类，从表6－7中可以看到，集体林地确权对林地规模在0～9亩和9～32亩农户的造林面积、造林资本投入、造林劳动力投入和抚育劳动力投入均没有产生显著影响；而林地确权使林地面积大于32亩的农户的造林面积增加了31.72%，造林资本投入增加了64.96%，使其造林劳动力投入增加了37.29%，但对抚育劳动力投入没有产生显著影响。

林业经营大户，其林业收入占总收入的比重更高，有着更专业的技术和更全面的市场信息，他们经营林业的积极性也更高，这与表6－4和表6－5中的结果也是一致的。可见，集体林地确权对实现林地规模经营有促进作用，林地通过流转等途径到达有着林业经营优势的大户手中，优化了资源配置，大户通过更积极的造林行为，使森林得以可持续发展。

**表6－7　　集体林地确权对不同林业经营规模农户的影响**

| 类别 | 变量 | 变量名 | 林地面积<9亩 | 9亩≤林地面积<32亩 | 林地面积≥32亩 |
|---|---|---|---|---|---|
| Y | $Y_5$ | 造林面积 | －0.0100<br>(0.0625) | 0.0208<br>(0.1133) | 0.3172*<br>(0.1704) |
| | $Y_6$ | 造林资本投入 | －0.0104<br>(0.0896) | －0.0017<br>(0.1560) | 0.6496***<br>(0.2344) |

续表

| 类别 | 变量 | 变量名 | 林地面积<br><9 亩 | 9 亩≤林地面积<br><32 亩 | 林地面积<br>≥32 亩 |
|---|---|---|---|---|---|
| Y | $Y_7$ | 造林劳动力投入 | -0.0926<br>(0.0688) | 0.0697<br>(0.1216) | 0.3729**<br>(0.1761) |
| | $Y_8$ | 抚育劳动力投入 | -0.0039<br>(0.0579) | -0.0650<br>(0.1041) | 0.2371<br>(0.1462) |
| | | 样本量 | 4714 | 3596 | 3690 |
| | | Number of id | 746 | 644 | 521 |

注：(1) 第一列中所示变量名称均为因变量，该表中仅汇报了“是否确权”这一个自变量的估计系数和标准误；(2) 其他自变量包括：是否参加林业合作社，采伐申请是否容易，是否有林业保险，是否有造林补贴，是否有林权抵押贷款，利率增长率，非农劳动力价格，木材价格，宜林荒山面积，林地面积，农地面积，年龄，是否干部，受教育年限，到县城距离，是否硬化路面，林业收入占总收入比例，是否采伐木材等，并且均加入了年度虚拟变量及村庄虚拟变量；(3) 数据来源：国家林业局经济发展研究中心 2003 年、2007—2015 年跟踪调研数据；(4) 括号内为标准差，*** 、** 和 * 分别表示在 1% 、5% 和 10% 的水平上显著。

### 6.3.4 集体林地确权对农户林业长期投入的动态影响

截至 2015 年，农户最长确权年限已达 12 年，本节将通过设置农户确权年限的虚拟变量，考察集体林地确权年限对农户林业长期投入的动态影响。如前文所述我们设置了已确权年限的虚拟变量，建立计量经济学模型如下：

$$\begin{aligned} Y_{it} = {} & \alpha_5 + \beta_1 R_{it}^{-6} + \beta_2 R_{it}^{-5} + \cdots + \beta_{12} R_{it}^{6} + \sum_{j=1}^{a} \theta_j MD_{jit} \\ & + \sum_{l=1}^{b} \sigma_l POL_{lit} + \sum_{m=1}^{c} \omega_m HVC_{mit} + \sum_{n=1}^{d} v_n FC_{nit} \\ & + \sum_{j=2003}^{2013} \mu_j Year_{jt} + \sum_{k=1}^{e} \rho_k Village_{ki} + \delta_{it} \end{aligned} \tag{6-5}$$

其中，参照第五章，如果在确权前的第 $r$ 年，那么 $R^{-r}=1$，如果在确权后的第 $r$ 年，那么 $R^{r}=1$，其他情况下，确权的虚拟变量 $R's=0$。我们排除了确权当年，来估计已确权年限对农户林业长期投入的影响。在两个端点处，根据农户数量等我们定义当样本为确权前 6 年或者 7 年甚至更多年份时，都表示为 $R_{it}^{-6}=1$；同时当样本为确权后第 6 年或者第 7 年直至 12 年时，均表示为 $R_{it}^{6}=1$。同样，在这两个端点处的方差可能会更大，可能导致估计值的准确性降低。图 6－3 绘制了集体林地已确权年限对农户林业长期投入（包括造林面积、造林资本投入、造林劳动力投入和抚育劳动力投入）的回归结果并且标注了在 5% 水平的置信区间。

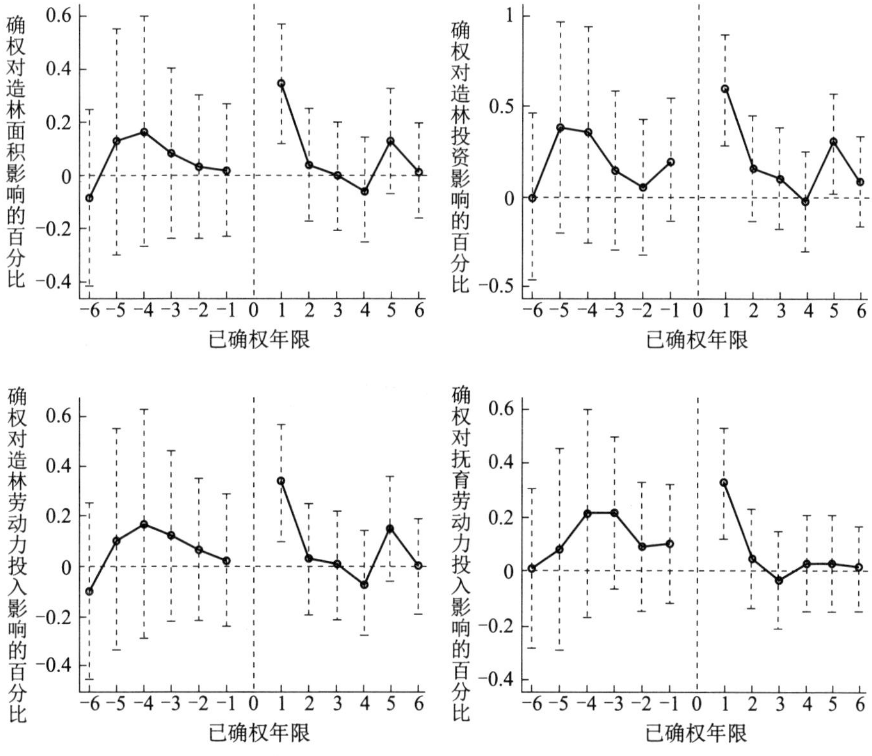


**图 6－3　集体林地确权对农户林业长期投入的动态影响**

从图6－3可见，与第五章结果类似，确权前的所有年份，集体林地确权对农户各项林业长期投入的影响均不显著，充分说明这符合双差分模型对共同趋势的要求。在集体林地确权后的第一年，集体林地确权对农户造林面积、造林投资、造林劳动力投入和抚育劳动力投入产生了显著正向影响，但是从确权后第二年开始这种显著激励就消失了，在第五年又出现显著正向作用，但也没有持续性。

从这样的结果我们可以看到，农户在获得集体林地产权后，在短期内可能会大幅度增加对林地的长期性投入，比如造林等林业相关投入；但是这种激励作用持续性并不大。造成这种现象的原因一方面是由于林地面积是一定的，采伐迹地或者宜林荒山荒地不是无限多的，农户在造林方面的投入不可能一直持续；另一方面是，林业生产周期和风险决定了部分农户对林业经营的积极性不会因产权安全性提高而增加，产权的激励作用对林业长期投入的影响是暂时性的，从长期来看产权对长期投入的影响不大。

### 6.3.5 集体林地确权对不同林种的影响

通过上述分析可知，集体林地确权对农户造林面积、造林资本投入和劳动力投入等行为有促进作用，尤其促进了林业经营大户的造林行为。下一步本章将来探究一下确权农户更愿意造何种林木的问题。农户林地按林种分可分为商品林和生态林，其中商品林又可分为经济林和用材林。经济林中除了普通经济林（茶树、果树等）又包含竹林，同时根据生长周期长短又将用材林分为速生丰产林和非速生丰产林。接下来，用 Mlogit 模型对不同林种分别进行估计。

表6-8结果显示，集体林地确权对农户是否种植经济林没有产生显著影响，经济林经济效益高、生产周期短但所需劳动力投入大，在新一轮集体林地确权前经济林地的产权基本明晰，能种植经济林的林地农户早已根据需要进行栽种，经济林的种植受市场因素影响较大，所以此次确权对农户进一步种植经济林影响较小。集体林地确权对农户种植除速生丰产林以外的用材林（即非速生用材林）也没有显著影响，仅对速生丰产林的种植有显著正向影响，在1%的显著性水平上提高了农户种植速生丰产林的可能性。从林地已确权年限看，确权当年和确权第一年对农户造速生丰产林有明显促进作用，而之后的年份则没有显著作用，这与上节的结论是一致的。

从结果可知，农户在进行生产决策的时候，更多地还是会考虑经济收益，非速生用材林的超长生产周期还是阻挡了部分农户造林的热情。集体林地确权对农户造林所产生的影响，仅仅在确权伊始有显著作用，在第二年之后就没有表现出很大作用了。因此，集体林地确权对农户种植速生丰产林所产生的作用并不能持久，政策作用的显现很快也很短。

**表6-8　　集体林地确权对不同造林林种影响的Mlogit分析**

| 变量 | 造速生丰产林 | 造非速生用材林 | 造经济林 | 造竹林 |
|---|---|---|---|---|
| 是否确权（是=1，否=0） | 0.5158***<br>(0.1768) | 0.1888<br>(0.2920) | -0.4217<br>(0.4085) | -0.0467<br>(0.8560) |
| 确权当年（是=1，否=0） | 0.6942***<br>(0.2627) | 0.5094<br>(0.4224) | 1.2029<br>(0.7397) | -15.9738<br>(5328.6108) |
| 确权第一年（是=1，否=0） | 0.8481***<br>(0.2491) | 0.4823<br>(0.4711) | -15.9175<br>(2144.0512) | 1.2423<br>(1.0096) |
| 确权第二年（是=1，否=0） | 0.2602<br>(0.2512) | -0.0504<br>(0.4960) | -16.1858<br>(1932.7245) | -15.9646<br>(2535.8202) |

续表

| 变量 | 造速生丰产林 | 造非速生用材林 | 造经济林 | 造竹林 |
|---|---|---|---|---|
| 确权第三年（是 =1，否 =0） | -0.1351<br>(0.2375) | 0.2939<br>(0.3829) | -0.3482<br>(0.6589) | -16.0911<br>(2413.2960) |
| 确权第四年（是 =1，否 =0） | -0.3452<br>(0.2438) | 0.1828<br>(0.3809) | -0.3994<br>(0.6511) | -0.7259<br>(1.1614) |
| 确权第五年（是 =1，否 =0） | 0.2661<br>(0.2145) | 0.0124<br>(0.3809) | 0.4976<br>(0.4690) | -0.0703<br>(0.9289) |
| 确权第六年（是 =1，否 =0） | -0.1260<br>(0.2535) | 0.1348<br>(0.3835) | -0.0136<br>(0.5809) | -1.2060<br>(1.1130) |

注：（1）数据来源：国家林业局经济发展研究中心 2003 年、2007—2015 年跟踪调研数据；（2）括号内为标准差，*** 、** 和 * 分别表示在 1% 、5% 和 10% 的水平上显著。

## 6.4　本章小结

新一轮集体林权制度改革核心目标在于调动农户林业经营的积极性，进而实现森林资源增长和提高农户收入的双重目标。本章采用分布较为广泛的 9 个省区、18 个县的 1200 个农户的长期大样本数据库，把农户理性假说作为本章研究的切入点构建本章的研究框架，开展了产权内生性检验，使所构建的计量经济学模型更具针对性，有助于回答本章关注的新一轮集体林地确权是否有效地促进样本农户林业长期投入的科学问题，弥补已有研究尚未关注此问题的不足。

本章的经验性结果表明：从总体上看，新一轮集体林地确权有效地促进样本农户的造林面积、造林资本投入以及造林与森林抚育劳动力投入（见表 6－4 和表 6－5）；不同林地规模农户对新一轮集体林地确权的林业长期投入反应表现出明显差异，对大规模林地农户林业长期投入产生了显著影响，对于小规模林地农户没有显著影响，小规模林地农户由于林地规模比较小，所获得林业收入小，确权对其林业经营积极性的激励有限，因此，确权并不会对他们的林业长期投资行为产生影响（见表 6－4、表 6－5 和表 6－7）；大规模林地农户由于林地规模较大，具有实现林业规模经济的潜力，新一轮集体林地确权为林业大户提供了更为明确的林地权属安全信号，加之大户通过多种途径获得林地，在新一轮集体林权制度改革之前，其所经营的林地权属安全性较差，因此，新一轮集体林地确权给他们带来的林地权属安全性更大，此外林权抵押贷款拓宽了林业大户的融资渠道，进一步地刺激他们对林业进行长期投入。

新一轮集体林地确权对样本农户林业长期投资具有明显区域特点，林地确权激励了湖南和辽宁等省的样本农户林业长期投资；对福建和广西等省区的样本农户造林资本或造林和森林抚育劳动力投入产生部分影响；林地确权对山东和河南等省的样本农户的林业长期投入没有产生影响。究其原因主要有两个方面：一方面是与新一轮集体林权制度改革前的集体林权属安排有密切关系，即非洲效应，也就是说新一轮集体林权制度改革以前，集体林地权属就比较明确。新一轮集体林权制度改革的林地确权就是换发新的林权证，延长集体林地承包期，这样的确权形式不会对样本农户林业长期投入产生太大的影响。而在新一轮集体林权制度改革之前，集体林地权属不清或家庭经营率比较低的省区，样本农户获得长期集体林地的承包权，将会直接刺激他们进行林业长期投资；另外一个方面与新一轮集体林权制度改革中的确权形式和确权进展有关，如预期均山需要农户等待一定时间，才能获得林地承包权，对他们林业长期投资的激励尚需假以时日，集体林地确权进展缓慢或者存在林地纠纷的区域，新一轮集体林地确权对农户林业长期投资所产生的激励尚显得不够强烈，需要加快集体林地确权步伐和对林地权属纠纷进行协调解决，尽快形成较为稳定而强烈的激励信号[212]。

新一轮集体林权制度改革的林地确权的确对样本农户的林业长期投入产生正向激励，新一轮集体林地确权背景条件不容忽视，如采伐制度改革和集体林地流转等，生产要素市场价格信号对农户林业长期投资亦产生了明显影响；农户户主年龄大小影响到其林业长期投入的决策，高龄户主因其私人贴现率高而不愿意进行林业长期投入。采伐迹地和宜林荒山荒地是农户造林的必要条件，这两者都显著提高了农户造林投资和投劳的可能性；与林地生产具有联合性的农地生产，也会促进农户进行林地投资投劳。新一轮集体林地确权奠定较为安全的集体林权属，是开展林业长期投资的必要条件；收益是农户从事林业的动力，是其开展林业长期投资的充分条件，影响林业经济回报的农户偏好和市场、资源状况及相关政策因素将直接作用于样本农户林业长期投入行为选择。

从本章的经验性研究结果出发，我们可以得出几点政策建议：一是更好更快完成尚未确权林地的确权工作，让集体林地确权发证变成常态的工作，落实林地确权发证全面覆盖，为农户林业长期投入打下坚实的安全林地权属基础，增强林地产权稳定性。同时着力完成林地林木纠纷调处工作，进一步使农户林地产权明晰，降低交易成本。二是在条件合适的情况下，在农民自愿的前提下，需要适度扩大集体林地经营规模，实现林业规模经济的潜力。目前政府部门推行的林地所有权、承包权和经营权“三权”分置或许是一种比较好的选择，“三权”分置过程中需要充分考虑农户流转林地的意愿，并建立产权交易中心，使林地交易公开透明，降低信息不对称给农户带来的损失。同时从法律层面上规范经营权，完善林地产权制度相关法律法规。三是完善林产品及其生产要素市场，产权界定只是促进农户经营林业的必要条件，而不是充分条件，获取收益是促进农户林业长期投入的充分条件，因此政府应引导建立相关林业产业，为农户林产品加工及销售提供良好的市场环境。同时着力发展林下经济等多种形式的林业经营，充分利用森林资源，增加林产品多样性，提高林产品市场价值。

# 第7章

# 新一轮集体林地确权对林业短期投入的影响

## 7.1 引　言

第六章定量分析了新一轮集体林确权对样本农户林业长期投入的影响。农户对林业投入划分为长期投入和短期投入两个类型，在前文的论述中，我们可以看到林业长期投入和短期投入在投资回报期、单位面积投入量以及不同地区之间存在较大差异，因此这两种投入需要分别进行研究。在本章，我们将定量分析新一轮集体林确权对样本农户林业短期投入的影响，需要回答的问题是新一轮集体林确权对样本农户的林业长期和短期投入的反应是否一致？若不一致，是否存在显著性差异？若存在统计意义上的显著差异的话，原因是什么？样本农户对林业投入与产出一致性差异是否做出了有差异的反应呢？

## 7.2 数据与研究方法

### 7.2.1 数据

本章采用与第六章一样的农户、村、乡镇和县等多层次长期大样本，即国家林业局经济发展研究中心的“中国集体林权制度改革相关政策问题”研究团队的多层次长期大样本数据库，包括9个省区、18个县、54个乡镇、162个村和1200户的10年（2003年和2007—2015年）长期跟踪观察数据。

### 7.2.2 描述性证据

1. 集体林地确权与林业短期投入的动态关系

样本农户林业短期资本投入和林业短期劳动力投入在2003年和2007—2015年期间均呈现出先增加后减少的趋势，2003—2011年的样本农户的短期林业劳动力和资本投入呈现出上升态势；2011—2015年期间，样本农户的短期林业劳动力和资本投入则呈现出下降态势（见表7-1）。按照第六章的新一轮集体林确权与样本农户长期资本和劳动力投入之间简单数量描述的关系分析思路，根据农户新一轮集体林地确权的时间，把确权当年定义为第 0 年，确权前一年为 -1 年，确权后一年为 +1 年，并以此类推，本章绘制了新一轮集体林地确权与样本农户每亩的林业短期资本和林业劳动力投入的简单数量关系图（见图 7-1 和图 7-2）。

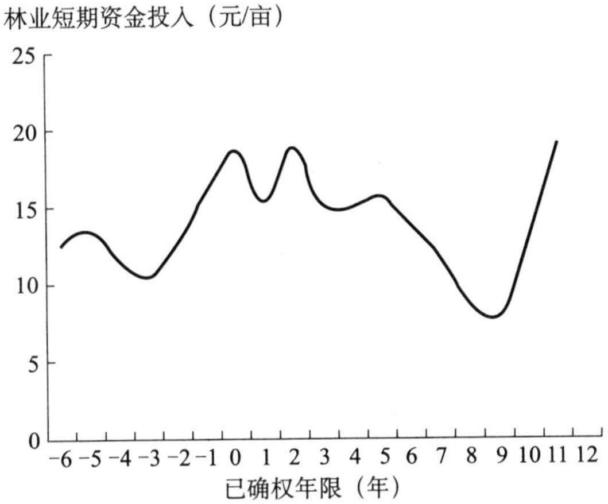


**图 7-1　集体林地确权与林业短期资本投入的关系**

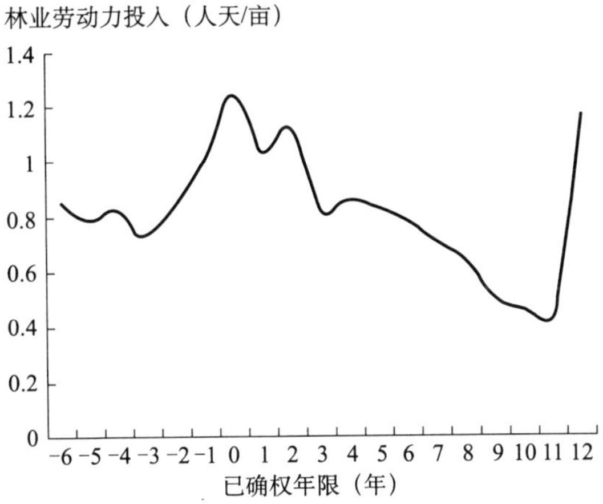


**图 7-2　集体林地确权与林业短期劳动力投入的关系**

图7－1和图7－2的结果显示：样本农户短期林业劳动力和资本投入呈现出先上升后下降再上升的态势，与图6－1和图6－2的样本农户长期林业劳动力和资本投入与确权年限的关系有差异；但图7－1和图7－2在新一轮集体林确权前的第3年样本农户的短期林业劳动力和资本投入均出现了明显下降，是否存在阿森费尔特沉降现象是值得关注的（在本章中我们采用第六章中（6－4）式进行检验，虽然新一轮集体林确权与样本农户林业短期劳动力和资本投入表现出简单数量上的下降，但未表现出10%水平统计学意义上的显著性，因此，在本章中，我们不考虑新一轮集体林地确权与样本农户林业短期劳动力和资本投入之间存在阿森费尔特沉降现象）。

新一轮集体林地确权以后，所有样本农户林业长期资本和劳动力投入的峰值出现在新一轮集体林地确权后第3年或第4年（见图6－1和图6－2），与此不同的是，样本农户短期林业资本和劳动力投入的峰值在新一轮集体林地确权当年就开始出现（见图7－1和图7－2），同时样本农户林业短期资本和劳动力投入明显地超过其林业长期资本和劳动力投入约15～20倍，从而表明样本农户的长期林业投入、短期林业投入与新一轮集体林地确权之间的简单数量关系存在较大差异，非常值得回答二者之间的差异。

2. 其他变量选择

在本文研究所使用的样本农户数据期间，如木材价格、农户和村庄特征变量、森林资源状况等的变化完全与第六章中的数据描述一致，在此不再累述。需要说明的是，本章研究的是短期投入，因此使用利率来描述农户的资金成本，利率呈现从2003年的1.98%上升到2007年和2011年的3.29%，2015年则下降至2.06%（见表7－1），期间的利率变化与国家金融有关，与新一轮集体林地确权改革基本不存在关联关系。同时，新一轮集体林地确权的重要任务之一就是尽可能多地把集体林地转入家庭经营，中共中央、国务院和中央国家林业主管部门均出台相应的政策措施强化集体林地的家庭经营，2003 年以来，样本农户的林地经营面积呈现出增加态势，林地结构亦进行了调整，经济林和竹林面积呈现出较为明显的增长态势，用材林表现为萎缩态势（见表 7－1）；用材林和竹林、经济林的面积之和不等于林地面积，原因在于我国实施林业分类经营，除用材林、竹林和经济林等商品林以外，还有生态公益林，林地面积与用材林、竹林和经济林等商品林面积之差为生态公益林面积，表 7－1 的结果显示，农户经营管理的生态公益林面积亦呈现出增长态势。

### 7.2.3　研究方法

在集体林区，经营林业的农户通常为兼业农户，他们不仅经营管理着林地和森林资源，而且经营管理着农地等并从事着非农生产，这与欧美和日本小林主的兼业形式存在类似之处，因此，集体林区的农户配置新一轮集体林权制度改革提升了集体林地权属安全性和包括森林保险、造林与抚育补贴、限额采伐制度改革等配套改革措施、利率、劳动力与木材等林业产出与生产要素投入市场的改变和调整、农户和村庄特征塑造的样本农户林业经营管理偏好以及对集体林经营管理成本的影响等因素均有可能改变农户的集体林经营管理的短期生产预期，进而影响样本农户的短期林业生产要素投入与配置行为。正如第二章的已有研究进展和第三章中的理论基础所述，农户的林业不论长期还是短期生产行为不能简单地概括为林地产权制度的函数，而且是市场、其他相关政策和农户及其周边状况的函数，学者对我国20世纪80年代的农业家庭承包责任制的研究就证实了这一表述。

根据Alig等人[171]和Beach等人[172]对研究美国小林主生产行为的文献回顾的结果，并考虑到Liu等[148]采用与本书研究相同的长期大样本农户的数据，已开展了新一轮集体林地确权对样本农户行为影响的研究，因此，本章研究新一轮集体林地确权对样本农户林业短期劳动力和资本投入的影响，本章把影响农户林业长期投入的影响因素分为林地确权（$R_t$）、市场（$MD_{it}$）、政策（$POL_{it}$）、户主与村庄特征（$HVC_{it}$）以及森林资源状况（$FC_{it}$）等5类。因此，不失一般性，作为理性农户会对新一轮集体林地确权、市场变化和市场调整、森林资源状况的变化做出反应，以期实现其家庭经营收益，相关林业政策、其他部门政策和市场因素等作为反映，样本农户的林业短期劳动力和资本投入的相应函数可以表述为新一轮集体林确权和市场、政策、户主与村庄特征以及森林资源状况等4类变量的如下函数：就面板数据而言，仅仅考虑新一轮集体林地确权对农户林业长期投入的影响，应用双重差分法，则（7－1）式的计量经济学模型变为：

$$
\begin{aligned}
Y_{it} = {} & \alpha + \tau_{DID} R_{it} + \sum_{j=1}^{a} \theta_j MD_{jit} + \sum_{l=1}^{b} \sigma_l POL_{lit} \\
& + \sum_{m=1}^{c} \omega_m HVC_{mit} + \sum_{n=1}^{d} v_n FC_{nit} \qquad (7-1) \\
& + \sum_{p=2003}^{2015} \mu_j Year_{jt} + \sum_{k=1}^{e} \rho_k Village_{ki} + \varepsilon_{it}
\end{aligned}
$$

其中：Y为农户林业短期投入（劳动力或资本）；R为新一轮集体林地确权二分虚拟变量（确权，则R＝1；反之，则R＝0）；i为第i样本农户，t 为年度变量（t = 1，2，3，…．，13；2003 = 1）；a，b，c，d，e 分别为市场、政策、户主与村庄特征、资源状况以及村庄个数的变量数；j，l，m，n分别为市场、政策、户主与村庄特征以及资源状况的第 j，k，m，n 个变量；$\alpha$，$\tau_{DID}$，$\theta$，$\sigma$，$\omega$，$v$ 为待估参数；$\varepsilon_{it}$ 为误差项。（7 – 1）式中的相关变量定义参见表 3 – 3，在此不再重复加以说明。

若仅考虑新一轮集体林地确权对样本农户短期林业和资本投入的影响，那么（7 – 1）式变为：

$$Y_{it} = \alpha + \tau_{DID} R_{it} + \varepsilon_{it} \tag{7-2}$$

对（7 – 1）式的估计中，本书把森林资源划分为不同类型（如采用林地面积或林地细分为用材林、经济林和竹林等以及仅考虑以利润最大化为导向的商品林等），这样可以有效地反映新一轮集体林地确权对样本农户的林地短期劳动力和资本投入的影响。

需要说明的是，（7 – 1）式中使用的是利率而非（6 – 2）式中使用的利率变化率，究其原因在于：样本农户在进行林地短期资本投入时，他们面对的是实际资本利率，需要考虑到林业短期资本投入的机会成本；而样本农户在选择是否进行林业长期资本投入时，他们需要考虑到林业长期资本投入机会成本的动态变化，如果利率变化呈现出正向变化的话，那么样本农户认为资本的长期成本就会持续上升，可能对林业长期投入保持谨慎的态度；否则呈现出较为乐观的态度。同时，采用样本农户的数据进行了利率和利率变化对样本农户长期和短期林业资本投入的影响分析检验，结果证实了本书中利率是影响农户林业短期资本投入的重要变量；利率变化则是影响农户林业长期投入的重要变量。

表 7 – 1　　主要变量描述性统计

| 参数 | 变量 | 定义 | 2003 | | 2007 | | 2011 | | 2015 | |
|---|---|---|---|---|---|---|---|---|---|---|
| | | | 均值 | 标准差 | 均值 | 标准差 | 均值 | 标准差 | 均值 | 标准差 |
| Y | $Y_{12}$ | 林业短期资本投入 | 382.1142 | 1627.3390 | 412.5073 | 1980.9680 | 742.0980 | 3352.6150 | 668.9871 | 3255.1800 |
| | $Y_{13}$ | 林业短期劳动力投入 | 25.8600 | 58.9099 | 29.1317 | 64.0494 | 39.1150 | 80.2082 | 31.5595 | 54.1692 |
| R | $R_1$ | 是否确权 | 0.0567 | 0.2313 | 0.3958 | 0.4892 | 0.7500 | 0.4332 | 0.7975 | 0.4020 |
| MD | $P_4$ | 利率 | 1.9800 | 0.0000 | 3.2900 | 0.0000 | 3.2900 | 0.0000 | 2.0600 | 0.0000 |
| | $P_3$ | 木材价格 | 203.3940 | 76.5962 | 339.1470 | 149.0249 | 401.0670 | 182.7306 | 446.4740 | 189.2675 |
| HVC | $HVC_1$ | 户主年龄 | 44.8933 | 10.5322 | 48.8933 | 10.5322 | 52.8933 | 10.5322 | 56.3067 | 10.3845 |
| | $HVC_2$ | 户主是否村干部 | 0.2767 | 0.4475 | 0.2767 | 0.4475 | 0.2400 | 0.4273 | 0.2200 | 0.4144 |
| | $HVC_3$ | 户主受教育年限 | 7.2683 | 2.6294 | 7.2683 | 2.6294 | 7.4308 | 2.8140 | 7.2717 | 3.1730 |
| | $HVC_7$ | 家庭年现金收入 | 12715.7600 | 17577.9700 | 17247.5900 | 23879.3200 | 24224.8800 | 30944.7900 | 32737.0400 | 52098.3900 |
| | $HVC_8$ | 非农劳动力投入 | 176.8000 | 210.5394 | 224.5500 | 237.5256 | 265.0208 | 306.4388 | 274.3201 | 252.7322 |
| | $HVC_9$ | 是否硬化路面 | 0.6058 | 0.4889 | 0.6058 | 0.4889 | 0.7183 | 0.4500 | 0.9608 | 0.1941 |
| | $HVC_{10}$ | 到县城距离 | 35.6678 | 32.1288 | 35.6678 | 32.1288 | 35.6678 | 32.1288 | 35.6678 | 32.1288 |
| FC | $FC_1$ | 林地面积 | 29.6097 | 62.2022 | 36.7189 | 69.9745 | 43.3036 | 76.4785 | 44.3038 | 76.7085 |
| | $FC_8$ | 竹林面积 | 1.4052 | 13.2614 | 2.5037 | 14.5997 | 3.5994 | 21.1587 | 3.2756 | 22.2266 |
| | $FC_9$ | 经济林面积 | 0.6708 | 7.4089 | 2.1805 | 11.9412 | 2.8570 | 14.2466 | 1.9202 | 9.0699 |
| | $FC_{10}$ | 用材林面积 | 4.3661 | 19.6913 | 26.0940 | 60.0781 | 27.9350 | 58.9718 | 25.9049 | 64.7140 |

数据来源：国家林业局经济发展研究中心 2003 年、2007—2015 年跟踪调研数据。

## 7.3　经验性结果

采用第六章中相关计量经济学相关检验，开展了阶梯效应、样本农户林业短期资本和劳动力投入与确权内生性和是否存在阿森费尔特沉降现象等相关计量经济学检验，利用（7－1）式和（7－2）式并在（7－1）式选择采用不同控制变量估计新一轮集体林地确权对农户林业短期资本和劳动力及其对大中小不同规模和不同区域的样本农户的林业短期资本与劳动力的影响，经验性结果见表 7－2 至表 7－5。在表 7－2 和表 7－3 中，列（1）、列（2）和列（3）所使用的样本为全部样本，列（4）所使用的样本为仅有商品林的样本农户的子样本，列（1）仅加入是否确权变量；列（2）为新一轮集体林地确权变量加上市场、政策、农户特征和村庄特征等控制变量；在列（2）计量分析的基础上，列（3）把林地面积分为竹林、经济林和用材林面积；列（4）为仅有商品林的样本农户的子样本。表 7－4为把样本农户划分为小、中、大规模农户的短期林业资本和劳动力的经验性结果；表 7－5 为把样本农户划分为南方和北方的样本农户短期林业资本和劳动力的经验性结果。

表 7－2 至表 7－5 的经验性结果均采用双重差分法进行估计。同时，

分区域和分农户经营规模与作为整体的计量经济学估计结果表现出较为稳定的估计结果，从而表明了本章计量经济学经验性结果的稳健性和有效性[213][214]。

### 7.3.1 集体林地确权对林业短期资本投入的影响

本小节首先评估了新一轮集体林地确权对农户林业短期资本投入的影响，经验性结果见表7－2。表7－2中的结果显示：新一轮集体林地确权对全部农户林业短期资本投入有正向影响，激励了样本农户短期内增加对其所经营管理林地的资本投入。在列（2）和列（3）中加入市场、政策、农户特征和村庄特征等控制变量的时候，新一轮集体林地确权对林业短期资本投入回归系数依然为正但不显著；列（1）和列（4）的新一轮集体林地确权对样本农户短期资本投入的影响在1%或10%水平上显著(见表7－2)；若仅仅考虑只有商品林（商品林包括竹林、经济林和用材林等）样本农户的情况下，新一轮集体林地确权使得农户林业短期资本投入增加了39.41%；若仅考虑新一轮集体林确权变量而不考虑其他控制变量的情形下，新一轮集体林地确权使样本农户增加45.71%的短期林业资本投入（见表7－2）。

从市场角度来看，利率对农户林业短期投入的影响符合本书的预期，更高的一年期定期存款年利率导致农户减少他们对林业生产的资本投入(见表7－2)；木材价格对农户林业短期资本投入有正向影响，木材价格的上涨会激励农户更多地投入到林业生产中，但木材价格的影响未呈现出统计学意义上的显著。

从相关政策角度来看，采伐申请越容易，农户对林业短期资本投入更多，采伐限额制度改革作为新一轮集体林权制度改革的重要配套改革措施之一，采伐制度改革简化了样本农户的木材采伐限额申请程序且增加了采伐限额批复的透明度，样本农户获取木材采伐限额使农户可以通过采伐获得木材收入，进而激励了样本农户增加短期林业资本投入，更容易获得采伐申请指标可以提高 30% ～ 40% 左右的林业资本投入。新一轮集体林权制度改革的配套改革启动以前，集体林地承包经营权和林木所有权不能作为融资的抵押物，启动配套改革以后，则可以了，林权抵押贷款拓宽了农户的融资渠道，贷款增加农户可用的资本，这意味着农户会有更多的资本用于所有现金投入，包括林业短期资本投入。

从农户特征来看，年轻农户更愿意投资林业；受教育程度的高低也显著影响农户林业经营，受教育时间越长，对农户林业短期投资越多；家庭人口多的农户对农户林业短期投资也会增加；林地经营面积大的农户，会增加农户林业短期投入的激励。当把林地分为竹林、经济林和用材林时，可以看到当农户拥有竹林的时候，会使农户增加 8.61% 的林业短期资本投入；当农户拥有经济林的时候，会增加 27.43%；当农户拥有用材林时，林业短期投资会增加 17.83%。最后，农户年现金收入显著增加了农户对林业的资本投入，从农户调研结果可得，样本农户经营林业资本来源 90% 以上的农户为自有资本，因此农户现金收入对农户林业短期资本投入的影响很大，这符合我们的预期。

从村庄特征来考察，没有硬化路面的地区，农户林业短期资本投入反而会增加，这与林地的分布有关，也由于经济发达的地区农户有更多的就业机会，经济欠发达的山区农户就业机会缺乏，对林业的经营更多有关；其他村庄特征对农户林业资本投入没有显著作用。

表 7－2　集体林地确权对农户林业短期资本投入的影响

| 类别 | 变量 | 变量名 | (1) | (2) | (3) | (4) |
|---|---|---|---|---|---|---|
| R | $R_1$ | 是否确权 | 0.4571***<br>(0.1749) | 0.1312<br>(0.1699) | 0.2502<br>(0.1713) | 0.3941*<br>(0.2014) |
| MD | $P_4$ | 利率 | | －2.9932<br>(4.3560) | －14.3801***<br>(4.4721) | －0.7721<br>(5.2928) |
| | $P_3$ | 木材价格 | | 0.0016<br>(0.0796) | 0.0132<br>(0.0803) | 0.0156<br>(0.0989) |
| POL | $POL_1$ | 采伐申请是否容易 | | 0.3555**<br>(0.1475) | 0.3420**<br>(0.1489) | 0.4149**<br>(0.1727) |
| | $POL_2$ | 当地是否有造林补贴 | | －0.1408<br>(0.1568) | －0.0433<br>(0.1581) | －0.1177<br>(0.1776) |
| | $POL_3$ | 是否参加林业合作社 | | 0.7580*<br>(0.4106) | 0.6228<br>(0.4144) | 0.7159<br>(0.4541) |
| | $POL_4$ | 是否有林业保险 | | 0.0738<br>(0.1655) | 0.1572<br>(0.1670) | 0.0873<br>(0.1952) |
| | $POL_5$ | 是否有林权抵押贷款 | | 3.8168***<br>(0.4703) | 3.6728***<br>(0.4741) | 4.2518***<br>(0.5161) |
| HVC | $HVC_1$ | 户主年龄 | | －0.9031***<br>(0.2882) | －0.7081**<br>(0.2908) | －0.7628**<br>(0.3461) |
| | $HVC_2$ | 户主是否村干部 | | 0.1630<br>(0.1356) | 0.1856<br>(0.1367) | 0.0915<br>(0.1607) |
| | $HVC_3$ | 户主受教育年限 | | 0.0509*<br>(0.0286) | 0.0664**<br>(0.0288) | 0.0670**<br>(0.0334) |
| | $HVC_4$ | 家庭人口数 | | 0.5543***<br>(0.1421) | 0.5241***<br>(0.1433) | 0.8395***<br>(0.1674) |
| | $HVC_7$ | 家庭年现金收入 | | 0.0726***<br>(0.0226) | 0.1440***<br>(0.0225) | 0.1058***<br>(0.0316) |
| | $HVC_9$ | 是否硬化路面 | | －0.5908***<br>(0.1941) | －0.3211<br>(0.1957) | －0.1482<br>(0.2328) |
| | $HVC_{10}$ | 村委会到县城距离 | | －19.3681***<br>(2.5453) | －14.5151***<br>(2.5716) | －19.3710***<br>(2.9857) |
| FC | $FC_1$ | 林地面积 | | 0.4376***<br>(0.0167) | | |
| | $FC_8$ | 竹林面积 | | | 0.0861***<br>(0.0176) | |
| | $FC_9$ | 经济林面积 | | | 0.2743***<br>(0.0159) | |

续表

| 类别 | 变量 | 变量名 | (1) | (2) | (3) | (4) |
|---|---|---|---|---|---|---|
| FC | $FC_{10}$ | 用材林面积 | | | 0.1783***<br>(0.0120) | |
| | | 年度虚拟变量 | 控制 | 控制 | 控制 | 控制 |
| | | 村庄虚拟变量 | 控制 | 控制 | 控制 | 控制 |
| | | 常数项 | 1.3389<br>(1.3687) | 85.3490***<br>(13.8064) | 89.6366***<br>(14.0458) | 80.5183***<br>(16.5321) |
| | | 样本量 | 12000 | 12000 | 12000 | 9466 |
| | | $R^2$ | 0.2816 | 0.3311 | 0.3204 | 0.3284 |

注：（1）数据来源：国家林业局经济发展研究中心 2003 年、2007—2015 年跟踪调研数据；（2）括号内为标准差，***、** 和 * 分别表示在 1%、5% 和 10% 的水平上显著。

### 7.3.2　集体林地确权对林业短期劳动力投入的影响

本小节将评估新一轮集体林地确权对农户林业短期劳动力投入的影响，与对样本农户的林业短期资本投入的影响一样，新一轮集体林地确权对样本农户的林业短期劳动力投入的影响与表 7－2 中作相同的分类。新一轮集体林地确权对样本农户短期林业劳动力投入经验性结果见表 7－3。

与表 7－2 中的经验性结果有些统计学意义上差异，新一轮集体林地确权对样本农户短期林业投入的回归系数均在 1% 水平上显著，且新一轮集体林地确权对样本农户的林业短期劳动力的影响要大于其对样本农户的林业短期资本的影响（见表 7－3）。

在考察农户林业劳动力投入的时候，市场因素只考察了木材价格，木材价格上涨可能会激励农户当下对林业的投入，但在表 7－3 中结果均不显著。

从政策角度看，采伐申请的难易、林业补贴以及林业合作社对农户林业劳动力投入均没有产生显著影响；林权抵押贷款显著提高了农户对林业劳动力的投入，这也符合我们的预期；而森林保险对林业劳动力投入有负向影响，这是由于森林保险的投保可能会减少农户的护林劳动力投入。

从农户特征来看，户主年龄对林业短期劳动力投入产生了负向影响，列（4）中的影响在5%水平上显著，表明随着户主年龄的增大，样本农户增加林业短期劳动力投入的可能性下降；户主受教育程度同样显著对林业劳动力投入产生了正向作用，样本农户户主受教育程度越高，则更有可能较好地理解新一轮集体林权制度改革及其配套改革等相关政策和做出理性的林业生产要素配置选择；多人口家庭会增加样本农户对林业劳动力投入。在评估确权对林业劳动力投入的影响时，加入了非农劳动力投入，实证结果表明非农劳动力投入与林业劳动力投入之间的关系为混合的不明确的，这或许是因为林业所需劳动力一般是间歇性的，且对劳动力需求较小，大多数树木一旦它们开始生长，采伐前需要很少的人为参与，因此农户对林业的劳动力投入可以替代对其他以土地为基础行业（比如农业、畜牧业等）的劳动力投入，外出从事非农劳动的农户更愿意经营需要较少劳动力投入的林业。

**表7－3　　集体林地确权对农户林业短期劳动力投入的影响**

| 类别 | 变量 | 变量名 | (1) | (2) | (3) | (4) |
|---|---|---|---|---|---|---|
| R | $R_1$ | 是否确权 | 0.7990***<br>(0.1598) | 0.4121***<br>(0.1514) | 0.6086***<br>(0.1568) | 0.5064***<br>(0.1773) |
| MD | $P_3$ | 木材价格 | | －0.0094<br>(0.0709) | －0.0028<br>(0.0735) | 0.0774<br>(0.0869) |
| POL | $POL_1$ | 采伐申请是否容易 | | －0.1063<br>(0.1315) | －0.1169<br>(0.1362) | －0.0536<br>(0.1518) |
| | $POL_2$ | 当地是否有造林补贴 | | －0.0580<br>(0.1398) | 0.0533<br>(0.1446) | －0.1032<br>(0.1560) |
| | $POL_3$ | 是否参加林业合作社 | | －0.2308<br>(0.3660) | －0.3721<br>(0.3791) | －0.5871<br>(0.3989) |
| | $POL_4$ | 是否有林业保险 | | －0.3752**<br>(0.1475) | －0.2081<br>(0.1527) | －0.2889*<br>(0.1714) |

续表

| 类别 | 变量 | 变量名 | (1) | (2) | (3) | (4) |
|---|---|---|---|---|---|---|
| POL | $POL_5$ | 是否有林权抵押贷款 | | 2.6356 ***<br>(0.4193) | 2.4392 ***<br>(0.4339) | 2.5593 ***<br>(0.4534) |
| HVC | $HVC_1$ | 户主年龄 | | -0.3801<br>(0.2588) | -0.1608<br>(0.2680) | -0.6168 **<br>(0.3059) |
| | $HVC_2$ | 户主是否村干部 | | -0.0950<br>(0.1211) | -0.0566<br>(0.1253) | -0.2349 *<br>(0.1416) |
| | $HVC_3$ | 户主受教育年限 | | 0.0280<br>(0.0255) | 0.0523 **<br>(0.0263) | 0.0160<br>(0.0293) |
| | $HVC_4$ | 家庭人口数 | | 0.6154 ***<br>(0.1296) | 0.6049 ***<br>(0.1341) | 0.8719 ***<br>(0.1507) |
| | $HVC_8$ | 非农劳动力投入 | | 0.0055<br>(0.0079) | 0.0232 ***<br>(0.0082) | -0.0023<br>(0.0092) |
| | $HVC_9$ | 是否硬化路面 | | -0.5382 ***<br>(0.1731) | -0.2518<br>(0.1791) | -0.6181 ***<br>(0.2045) |
| | $HVC_{10}$ | 村委会到县城距离 | | -14.8575 ***<br>(2.2694) | -10.2635 ***<br>(2.3531) | -19.6335 ***<br>(2.6611) |
| FC | $FC_1$ | 林地面积 | | 0.5557 ***<br>(0.0148) | | 0.7434 ***<br>(0.0595) |
| | $FC_8$ | 竹林面积 | | | 0.1153 ***<br>(0.0161) | |
| | $FC_9$ | 经济林面积 | | | 0.2141 ***<br>(0.0145) | |
| | $FC_{10}$ | 用材林面积 | | | 0.2051 ***<br>(0.0110) | |
| | | 年度虚拟变量 | 控制 | 控制 | 控制 | 控制 |
| | | 村庄虚拟变量 | 控制 | 控制 | 控制 | 控制 |
| | | 常数项 | 1.4372<br>(1.2499) | 61.5375 ***<br>(9.7603) | 44.6745 ***<br>(10.1184) | 82.2231 ***<br>(11.4179) |
| | | 样本量 | 12000 | 12000 | 12000 | 9466 |
| | | $R^2$ | 0.2472 | 0.3320 | 0.2853 | 0.2639 |

注：(1) 数据来源：国家林业局经济发展研究中心 2003 年、2007—2015 年跟踪调研数据；(2) 括号内为标准差，*** 、** 和 * 分别表示在 1% 、5% 和 10% 的水平上显著。

### 7.3.3　集体林地确权对不同林地经营规模农户短期投入的影响

与第六章中分析新一轮集体林地确权对样本农户林业劳动力和资本等长

期投入一样，按照样本农户林地经营规模大小，本小节把样本农户分为小规模农户、中等规模农户和大规模农户（划分标准同见第六章中的相关小节），新一轮集体林地确权对样本农户林业短期投入估计的经验性结果见表7-3。

从新一轮集体林地确权对样本农户林业短期资本投入影响来看，新一轮集体林地确权对三种林业经营规模的农户均没有产生显著影响，但对林地中等规模和大规模的农户产生了正向但不显著的影响，与表7-2中的经验性结果似乎有些出入，从总体上来看，新一轮集体林地确权对样本农户的短期林业投入产生了正向激励，只是激励强度尚不足。根据第一章中对林业短期资本和劳动力投入的界定，样本农户的林业短期资本投入一方面会对集体林地权属制度安排做出反应，另一方面，样本农户会对其经营林地结构和林木培育阶段做出反应。根据笔者实地调查结果，虽然绝大多数农户认为新一轮集体林权制度改革提高了农户经营林业的积极性，但不愿意加大林业投资的农户比例在2010年、2012年和2014年的农户问卷调查中分别为45.2%、40.6%和62.93%，对中小规模农户来说，这主要受制于林业超长的生产周期，农户并不能在短期内获得经济效益，经营风险高，同时也与林业产出效益差强人意有关。而大规模林业经营农户，通常是将林业作为其家庭主要经营产业，其短期投资想必一直是稳定足额投入，不会因政策的激励而发生大的改变。

从新一轮集体林地确权对样本农户短期林业劳动力投入的影响来看，新一轮集体林地确权对林地中等规模的农户产生了在1%水平上的显著影响，明显地激励了林地中等规模的样本农户增加短期林业劳动力投入。新一轮集体林地确权对小规模农户和大规模农户的短期林业劳动力投入产生了正向但不显著的影响。小规模样本农户的林地面积偏小，能够从中获取的收益有限，小规模样本农户不会增加对其经营林地的短期劳动力投入；就大规模林地经营的样本农户而言，由于自有劳动力有限，即使他们希望增加对林地的短期劳动力投入，也无能为力（需要再次说明的是，农户雇佣劳动力纳入到资本投入部分），林地经营大规模农户通常通过雇佣劳动力，应对自身劳动力投入不足的问题，表 7 - 2 中的新一轮集体林地确权对样本农户的短期林业资本投入影响的经验性结果也证实了这一点，农户的林地经营面积越大对林业的短期资本投入越高。在此，样本农户短期林业劳动力投入也是增加森林资源价值的重要生产要素投入之一，对中等规模农户来说，林业能够提供一定的经济收益，由于林业生产的短期劳动力投入与农业、非农就业的劳动力投入存在时间差，尤其是在我国南方集体林区，通过增加机会成本趋于零的自家劳动力（原因是大部分农户对短期林业的劳动力投入属于利用自己家庭劳动力，劳动力属于在农闲或是其他工作机会的淡季）投入，可以增加其收入，对于样本农户而言，属于不错的选择。同时，需要看到：短期林业劳动力投入与短期林业资本投入具有一定程度上的可替代性，因此，表 7 - 4 中不同林地经营规模的样本农户的新一轮集体林地确权对其短期林业资本和劳动力投入的影响表现出一定的替代性关系。

表 7 - 4 中其他控制变量对不同林地经营规模的样本农户的短期林业资本和劳动力投入与表 7 - 2 和 7 - 3 中的经验性结果表现出一定的差异，但基本态势没有变化，由于本章研究的重点在于新一轮集体林地确权对样本农户短期资本与劳动力投入，在此不再表述其他控制变量的影响；同样，对 7. 3. 4 小节部分亦采用同样的表述方式。

**表 7-4　集体林地确权对不同林业经营规模农户短期投入的影响**

| 类别 | 变量 | 变量名 | 林业短期资本投入 | | | 林业短期劳动力投入 | | |
|---|---|---|---|---|---|---|---|---|
| | | | 小规模农户（林地面积<9 亩） | 中等规模农户（9 亩≤林地面积<32 亩） | 大规模农户（林地面积≥32 亩） | 小规模农户（林地面积<9 亩） | 中等规模农户（9 亩≤林地面积<32 亩） | 大规模农户（林地面积≥32 亩） |
| R | $R_1$ | 是否确权 | -0.3639<br>(0.2302) | 0.1663<br>(0.3165) | 0.4069<br>(0.3959) | 0.1080<br>(0.2248) | 1.0919***<br>(0.2953) | 0.3139<br>(0.3281) |
| MD | $P_4$ | 利率 | -20.2405***<br>(5.9689) | -25.0315***<br>(8.5553) | 12.0440<br>(10.0262) | | | |
| | $P_3$ | 木材价格 | 0.1290<br>(0.1059) | -0.0831<br>(0.1612) | -0.1015<br>(0.1681) | -0.0209<br>(0.1033) | 0.0892<br>(0.1506) | -0.2222<br>(0.1395) |
| POL | $POL_1$ | 采伐申请是否容易 | -0.0526<br>(0.2157) | 0.8111***<br>(0.2723) | 0.3895<br>(0.2964) | -0.0160<br>(0.2104) | -0.6991***<br>(0.2541) | 0.1266<br>(0.2459) |
| | $POL_2$ | 当地是否有造林补贴 | -0.3964*<br>(0.2285) | 0.5035*<br>(0.2756) | 0.1019<br>(0.3263) | -0.3365<br>(0.2232) | 1.0114***<br>(0.2573) | -0.5628**<br>(0.2706) |
| | $POL_3$ | 是否参加林业合作社 | -1.1882<br>(0.7710) | 1.9352**<br>(0.7855) | 0.2797<br>(0.6707) | -2.5977***<br>(0.7528) | -0.6194<br>(0.7333) | 0.7039<br>(0.5563) |
| | $POL_4$ | 是否有林业保险 | -0.3940<br>(0.2585) | -0.1529<br>(0.2971) | 0.1336<br>(0.3204) | -0.5070**<br>(0.2523) | -0.5973**<br>(0.2773) | -0.0377<br>(0.2658) |
| | $POL_5$ | 是否有林权抵押贷款 | 2.1760<br>(1.5990) | 4.6613***<br>(1.7455) | 3.5769***<br>(0.5819) | 1.6274<br>(1.5602) | 3.2111**<br>(1.6278) | 2.2385***<br>(0.4827) |
| HVC | $HVC_1$ | 户主年龄 | -0.5485<br>(0.4262) | -0.6219<br>(0.5230) | -0.1356<br>(0.6139) | -0.0137<br>(0.4198) | -0.1833<br>(0.4934) | -0.4454<br>(0.5094) |
| | $HVC_2$ | 户主是否村干部 | -0.0450<br>(0.1963) | -0.2683<br>(0.2489) | 0.4437<br>(0.2833) | 0.0104<br>(0.1917) | -0.0232<br>(0.2331) | -0.1250<br>(0.2356) |
| | $HVC_3$ | 户主受教育年限 | -0.0036<br>(0.0400) | 0.0612<br>(0.0492) | 0.1534**<br>(0.0649) | -0.0266<br>(0.0391) | -0.0121<br>(0.0460) | 0.2426***<br>(0.0537) |

续表

| 类别 | 变量 | 变量名 | 林业短期资本投入 | | | 林业短期劳动力投入 | | |
|---|---|---|---|---|---|---|---|---|
| | | | 小规模农户（林地面积<9 亩） | 中等规模农户（9 亩≤林地面积<32 亩） | 大规模农户（林地面积≥32 亩） | 小规模农户（林地面积<9 亩） | 中等规模农户（9 亩≤林地面积<32 亩） | 大规模农户（林地面积≥32 亩） |
| HVC | $HVC_4$ | 家庭人口数 | 0.1997<br>（0.1990） | 0.0861<br>（0.2648） | 0.9510***<br>（0.3091） | 0.3988**<br>（0.1995） | 0.5459**<br>（0.2540） | 0.3790<br>（0.2595） |
| | $HVC_7$ | 家庭年现金收入 | 0.1006***<br>（0.0277） | 0.1815***<br>（0.0470） | -0.0540<br>（0.0552） | | | |
| | $HVC_8$ | 非农劳动力投入 | | | | 0.0212*<br>（0.0124） | 0.0439***<br>（0.0154） | -0.0221<br>（0.0149） |
| | $HVC_9$ | 是否硬化路面 | -0.0868<br>（0.3042） | -0.2145<br>（0.3667） | -0.7708**<br>（0.3641） | 0.4060<br>（0.2970） | -0.2872<br>（0.3426） | -0.8233***<br>（0.3019） |
| | $HVC_{10}$ | 村委会到县城距离 | -12.2106***<br>（3.0538） | -21.1934***<br>（5.2247） | -9.1429***<br>（1.6613） | -11.1131***<br>（2.9830） | -14.5933***<br>（4.8781） | -3.4542**<br>（1.3782） |
| FC | $FC_8$ | 竹林面积 | 0.1609***<br>（0.0368） | 0.1034***<br>（0.0330） | -0.0050<br>（0.0278） | 0.1988***<br>（0.0359） | 0.0601*<br>（0.0308） | 0.0482**<br>（0.0231） |
| | $FC_9$ | 经济林面积 | 0.4350***<br>（0.0296） | 0.1446***<br>（0.0278） | 0.1815***<br>（0.0285） | 0.3927***<br>（0.0289） | 0.1233***<br>（0.0259） | 0.0883***<br>（0.0237） |
| | $FC_{10}$ | 用材林面积 | 0.2753***<br>（0.0190） | 0.0437*<br>（0.0242） | 0.0840***<br>（0.0252） | 0.2962***<br>（0.0186） | 0.0215<br>（0.0226） | 0.0438**<br>（0.0209） |
| | | 年度虚拟变量 | 控制 | 控制 | 控制 | 控制 | 控制 | 控制 |
| | | 村庄虚拟变量 | 控制 | 控制 | 控制 | 控制 | 控制 | 控制 |
| | | 样本量 | 4714 | 3596 | 3690 | 4714 | 3596 | 3690 |
| | | $R^2$ | 0.3731 | 0.4633 | 0.2844 | 0.3737 | 0.2936 | 0.2660 |

注：（1）数据来源：国家林业局经济发展研究中心 2003 年、2007—2015 年跟踪调研数据；（2）括号内为标准差，***、** 和 * 分别表示在 1%、5% 和 10% 的水平上显著。

### 7.3.4 集体林地确权对不同区域农户林业短期投入的影响

本小节把9个案例省区分为南北两个大的区域，在自然条件和森林资源经营模式等方面存在一定差异，本小节需要分析与认识新一轮集体林地确权对样本农户短期林业资本和劳动力投入的影响是否表现出异质性。北方地区包括山东、河南和辽宁等三省；南方地区包括四川、浙江、福建、湖南、江西和广西等六省区。

新一轮集体林地确权对样本农户短期劳动力和资本投入影响的经验性结果见表7－5，列（1）和列（3）分别为北方地区林业短期资本和劳动力投入的经验性结果，列（2）和列（4）为南方地区林业短期资本和劳动力投入的经验性结果。

从新一轮集体林地确权对样本农户林业短期资本投入影响角度来看，新一轮集体林地确权对南方地区六个省区的样本农户短期林业资本投入产生了显著正向影响，对北方地区的样本农户的短期林业资本投入所产生的影响为正的但不显著。

就新一轮集体林地确权对样本农户短期林业劳动力投入影响而言，新一轮集体林地确权对南方地区和北方地区均产生了正向显著影响，但估计系数在数值和显著水平方面存在差异。表7－5中的经验性结果表明：新一轮集体林地确权使北方地区和南方地区样本农户的短期林业劳动力投入分别提高52.21%和72.84%，也就是说，新一轮集体林地确权对南方地区样本农户的短期林业劳动力投入所产生的影响大于对北方地区样本农户所产生的影响。

为了回答新一轮集体林地确权对南方和北方地区的样本农户短期林业资本和劳动力投入的影响是否存在异质性，本书采用 Hausman 检验方法，识别新一轮集体林地确权对南方与北方地区新一轮集体林确权对样本农户短期劳动力和资本的回归结果是否存在显著性差异。Hausman 检验结果显示：新一轮集体林地确权对南方和北方地区样本农户短期林业资本和劳动力投入回归结果的$\chi^2$值在 10% 水平上显著。这一检验结果表明：新一轮集体林地确权对南方和北方地区的样本农户的短期林业劳动力和资本投入的影响具有一定程度上的异质性，因此，在未来相关政策设计中需要关注到这一点。

北方地区中的山东和河南都属于平原林区，林业经营以经济林为主，用材林面积占比少，其林地经营面积仅 0.04 亩左右，户均林地经营面积小。辽宁省的林业产出也以经济林为主，在新一轮集体林地确权以前，经济林等经济价值较高的林种已经进行确权。南方地区的样本农户虽然经营管理着经济林和竹林，但是其用材林和生态公益林面积占比重很大。新一轮集体林地确权是把原来集体经营管理的或出租的林地转为家庭经营，新一轮集体林地确权对用材林和生态公益林的影响更大一些。因此，新一轮集体林地确权对南方地区的样本农户的短期林业劳动力和资本投入的影响更甚，出现这种现象与前期林地权属制度安排惯性也有关，即新旧集体林地权属制度之间存在相互关联性。第六章和本章的经验性结果均证实了我国集体林产权制度变迁过程中存在非洲效应。

表 7-5　集体林地确权对不同区域农户林业短期投入的影响

| 类别 | 变量 | 变量名 | 林业短期资本投入 | | 林业短期劳动力投入 | |
|---|---|---|---|---|---|---|
| | | | 北方 | 南方 | 北方 | 南方 |
| | | | (1) | (2) | (3) | (4) |
| R | $R_1$ | 是否确权 | 0.0214<br>(0.3029) | 0.4145**<br>(0.2073) | 0.5229*<br>(0.2845) | 0.7312***<br>(0.1887) |
| MD | $P_4$ | 利率 | -12.1448<br>(8.7018) | -11.4278**<br>(5.3823) | | |
| | $P_3$ | 木材价格 | -0.2455<br>(0.2073) | 0.0092<br>(0.0923) | -0.3758*<br>(0.1919) | 0.0734<br>(0.0840) |
| POL | $POL_1$ | 采伐申请是否容易 | 0.6346**<br>(0.2654) | 0.3510*<br>(0.1796) | 0.6009**<br>(0.2493) | -0.4416***<br>(0.1635) |
| | $POL_2$ | 当地是否有造林补贴 | -0.8205***<br>(0.2948) | 0.0275<br>(0.1877) | -0.1808<br>(0.2771) | 0.0396<br>(0.1709) |
| | $POL_3$ | 是否参加林业合作社 | 0.6104<br>(0.8688) | 0.6566<br>(0.4704) | 1.2781<br>(0.8164) | -0.8041*<br>(0.4282) |
| | $POL_4$ | 是否有林业保险 | 0.7654**<br>(0.3710) | -0.2360<br>(0.1952) | -0.4665<br>(0.3485) | -0.3718**<br>(0.1776) |
| | $POL_5$ | 是否有林权抵押贷款 | 2.7276*<br>(1.4727) | 3.8894***<br>(0.5037) | 2.8459**<br>(1.3843) | 2.3330***<br>(0.4586) |
| HVC | $HVC_1$ | 户主年龄 | -1.9288***<br>(0.5618) | -0.3180<br>(0.3385) | -0.6535<br>(0.5346) | 0.0040<br>(0.3098) |
| | $HVC_2$ | 户主是否村干部 | -0.1123<br>(0.2784) | 0.2508<br>(0.1565) | -0.3893<br>(0.2625) | 0.0237<br>(0.1426) |
| | $HVC_3$ | 户主受教育年限 | -0.0044<br>(0.0478) | 0.0965***<br>(0.0358) | -0.0031<br>(0.0448) | 0.0806**<br>(0.0326) |
| | $HVC_4$ | 家庭人口数 | 0.7374***<br>(0.2608) | 0.4371**<br>(0.1703) | 0.5932**<br>(0.2517) | 0.6027***<br>(0.1582) |
| | $HVC_7$ | 家庭年现金收入 | 0.0805**<br>(0.0395) | 0.1639***<br>(0.0275) | | |
| | $HVC_8$ | 非农劳动力投入 | | | 0.0314**<br>(0.0149) | 0.0190*<br>(0.0098) |
| | $HVC_9$ | 是否硬化路面 | 2.0811***<br>(0.4147) | -1.0795***<br>(0.2310) | 0.6800*<br>(0.3900) | -0.6206***<br>(0.2103) |
| | $HVC_{10}$ | 村委会到县城距离 | 0.9938<br>(21.3714) | -8.1643***<br>(1.8467) | 17.8765<br>(20.1197) | -8.5177***<br>(1.6827) |
| FC | $FC_8$ | 竹林面积 | 0.0473<br>(0.2071) | 0.0877***<br>(0.0179) | 0.0183<br>(0.1946) | 0.1146***<br>(0.0163) |

续表

| 类别 | 变量 | 变量名 | 林业短期资本投入 | | 林业短期劳动力投入 | |
|---|---|---|---|---|---|---|
| | | | 北方 | 南方 | 北方 | 南方 |
| | | | (1) | (2) | (3) | (4) |
| FC | $FC_9$ | 经济林面积 | 0.3428 ***<br>(0.0294) | 0.2421 ***<br>(0.0189) | 0.2820 ***<br>(0.0277) | 0.1882 ***<br>(0.0172) |
| | $FC_{10}$ | 用材林面积 | 0.2265 ***<br>(0.0238) | 0.1634 ***<br>(0.0140) | 0.2523 ***<br>(0.0224) | 0.1934 ***<br>(0.0127) |
| | | 年度虚拟变量 | 控制 | 控制 | 控制 | 控制 |
| | | 村庄虚拟变量 | 控制 | 控制 | 控制 | 控制 |
| | | 常数项 | 30.0237<br>(81.9504) | 54.1907 ***<br>(12.8812) | -59.8602<br>(75.6156) | 35.5750 ***<br>(7.0648) |
| | | 样本量 | 3340 | 8660 | 3340 | 8660 |
| | | $R^2$ | 0.4237 | 0.2854 | 0.3355 | 0.2669 |

注：(1) 数据来源：国家林业局经济发展研究中心 2003 年、2007—2015 年跟踪调研数据；(2) 括号内为标准差，*** 、** 和 * 分别表示在 1% 、5% 和 10% 的水平上显著。

### 7.3.5　集体林地确权对农户林业短期投入的动态影响

同第五章和第六章中对林地流转和林业长期投入的动态影响研究，本节将分析集体林地已确权年限对林业短期资本投入和劳动力投入的动态影响。对于 $R's$ 的设定，本节内容同第六章中的定义，模型设定也与第六章相似，包含的控制变量除了年度虚拟和村庄虚拟变量外，其他控制变量分别同表 7 - 2 第（2）列和表 7 - 3 第（2）列。图 7 - 3 根据回归结果绘制了集体林地确权对林业短期投入的动态效果。在集体林地确权前，$R's$ 对林业短期资本和劳动力投入的影响均不显著，这也符合双重差分模型的共同趋势假设。在集体林地确权后第 2 年，确权对林业短期资本的正向影响开始显现，这种作用到第 5 年消失；在确权后第 3 年，政策对林业短期劳动力投入开始有显著促进作用，这种作用随着确权年限的增加而增强，并且有持续性。

可见，集体林地确权对于农户林业长期投入和短期投入的动态影响也存在明显不同。确权对于农户林业短期投入的作用不会马上显现，但是这种作用持续的时间却明显长于对农户长期投入的影响。因此，虽然确权对林业长期投入的作用在较长的时间来看并不能持续，这与林业经营的特殊性相关，同时受制于林地等生产资料的限制。但是确权对于农户日常的林业经营，如管护等林业生产行为却产生了较为长期的激励，这对于提高集体林地生产力有着重要意义。

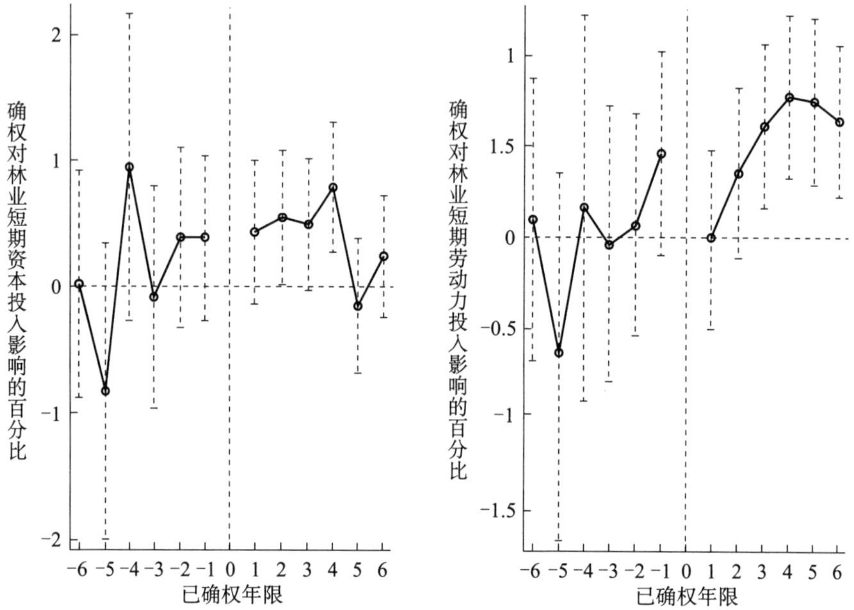


**图 7-3　集体林地确权对农户林业短期投入的动态影响**

## 7.4　本章小结

本章继续采用 9 省区、18 个县的 1200 个农户的长期大样本数据库，采用双重差分的计量经济学估计技术，定量估计与分析了新一轮集体林地确权对农户林业短期资金和林业劳动力投入的影响。

### 7.4.1　对样本农户长期与短期劳动力与资本投入影响的差异比较

本章讨论了新一轮集体林地确权对样本农户短期劳动力与资本投入的影响，得出的结论与第六章得出的关于新一轮集体林地确权对样本农户长期劳动力与投入影响的结论进行比较，我们发现：新一轮集体林地确权对样本农户长期和短期资本和劳动力投入均产生了正向显著影响，但加入了其他控制变量以后，新一轮集体林地确权对样本农户的长期和短期资本和劳动力投入所产生的影响依然为正，但是显著性有所变化，如有的回归系数变得不显著。同时，新一轮集体林地确权对样本农户的长期与短期林业资本和劳动力投入表现有差异，本书采用 Hausman 检验方法，长期与短期影响表现出显著的差异。

新一轮集体林地确权对样本农户长期和短期林业投资的影响要明显的低于对其劳动力投入的影响，原因在于：由于样本农户的收入水平所限，让其拿出大笔资本投入到森林资源经营管理之中，尚存在相当大的难度。由于林业劳动力投入与其他以土地为基础的劳动力投入和非农产业劳动力投入存在一定的时间差，因此，新一轮集体林地确权以后，样本农户愿意投入更多的自有劳动力培育森林资源。可以这样解释新一轮集体林地确权对样本农户长期与短期资本投入与劳动力投入影响差异，样本农户的林业劳动力机会成本很低甚至为零，而资本投入的机会成本较高，作为理性的农户，在政府对其经营管理的林地进行确权以后，安全的林地权属激励样本农户优先选择把低机会成本的自有劳动力投入到森林资源经营管理之中，若林地收益得以提高的话，样本农户可能会增加机会成本较高的资本投入；对于大规模林地经营样本农户而言，他们会增加更多的资本投入。

### 7.4.2 本章研究的基本结论

本章得出的如下主要研究结论：（1）新一轮集体林地确权对农户林业短期资本投入有正向影响，并显著增加了样本农户对商品林短期资本投入的 39.21%，新一轮集体林地确权对不同经营规模农户的短期资本投入均没有显著作用；（2）新一轮集体林地确权对样本农户林业劳动力的投入有显著促进作用，并且均在 1% 的显著性水平上显著，对不同林地经营规模的农户而言，确权只对中等林地经营规模农户有明显的促进，对小规模农户和大规模农户作用不显著；（3）将所有样本分为北方地区和南方地区来看，新一轮集体林地确权使南方省区林业短期资本投入增加了 41.18%，对北方地区资本投入作用不明显；新一轮集体林地确权对南方和北方地区的林业劳动力投入均有正向促进，使南方地区林业劳动力投入增加了 72.84%，使北方地区增加了 52.21%，对南方地区的影响系数更大，新一轮集体林确权对南方和北方样本农户林业短期投入之间存在一定的异质性，在一定程度上，南方与北方地区影响存在的异质性与我国集体林产权制度变迁过程中存在非洲效应或洛克效应有关；（4）已确权年限对农户林业短期投入的动态影响与长期投入不同，随着确权年限增加，对林业短期资本和劳动力投入的影响均会增强。

新一轮集体林地确权的配套改革也对农户的林业短期投入行为有不可忽视的作用，如采伐申请的更容易获得能够提高林业短期资本投入的 30%～40%，林权抵押贷款的可获得性也增加了农户对林业的短期资本投入和劳动力投入，林地经营权市场中农户流入林地后也极大地增加了对林业的资金和劳动力投入。样本农户的异质性也对短期投入产生影响，户主的年龄像在研究新一轮集体林地确权与林业长期投资中一样，对样本农户林业短期资本投入和劳动力投入也均为负向影响；受教育程度高的农户进行林业短期投入的可能性更大；样本农户经营林业资金 90% 来源于自有资金，因此农户现金收入的增加，直接为样本农户林业投资提供了资金来源。样本农户不同的村庄特征，也对样本农户短期林业投入有不同影响，非农就业机会的增加，一方面可能会增加样本农户从事非农行业的可能性减少林业生产，另一方面也可能在减少农业生产的同时增加一部分不需要太多劳动力支出的林业生产。农户林业短期投入与农户经营的林种有很大关系，不同地区林种存在很大差异，经济林、竹林和用材林在生长过程中需要的资金和劳动力投入均存在显著不同。

从本章的经验性结果，我们可以提出以下几点政策建议：一是进一步完善新一轮集体林地确权工作，增强林地产权安全性；二是对不同区域和不同类型的农户需要在政策设计上有所差别，提高政策措施的针对性和有效性。

# 第 8 章

# 主要结论和政策建议

改革开放 40 年以来，我国集体林区的林业改革核心内容主要包括集体林地林木产权制度改革和生产要素与产出的市场化改革，这两个方面相互联系，构成了过去 40 年的改革主旋律。在集体林产权实现形式表现出在家庭经营与集体经营、小规模林业与大规模林业之间来回摆动，从 20 世纪 80 年代的家庭经营到再度回归集体经营，2003 年以来，启动和推行了以家庭经营为主导的新一轮集体林权制度改革。在推行新一轮集体林权制度改革过程中，鉴于 20 世纪 80 年代缺少集体林产权改革配套措施（如 20 世纪 80 年代计划启动但未启动的林业发展基金制度），在完成集体林地确权之后，启动了相关配套改革措施，提升农户等经营主体从事森林资源经营管理。2003 年以来，减免直至取消林业税费，进而对集体林经营活动给予相应财政补贴；从木材一家进山收购的行政性垄断过渡到放开集体林区林业生产要素和产出与服务市场，鼓励集体林地流转，尤其是 2014 年提出林地“三权”分置政策设计之后，集体林地林木流转呈现一定程度上加速态势。因此，在此背景下，研究新一轮集体林地确权对农户林地流转和林业长期与短期资本、劳动力投入的影响具有非常好的现实意义。

根据第二章文献回顾的结果，新一轮集体林地确权对农户林地流转、林业长期与短期资本和劳动力投入影响研究依然存在需要弥补的学术不足。在文献回顾的基础上，对本书所采用的基本概念进行了界定，采用适合于本书研究目标和内容的双重差分模型和内生转换模型等研究方法与思路，采用全国 9 个省、18 个县 1200 个样本农户的多层次长期大样本数据库，时间跨度为 10 年（2003 年、2007—2015 年），涵盖了新一轮集体林权制度改革前后年度，避免了已有研究缺少对比年度的不足，样本农户分布具有较好的全国性代表意义。本书估计与分析了新一轮集体林地确权对样本农户林地流转、林业长期劳动力、资本投入和短期投入行为。在前文较为深入与细致的实证研究的基础上，本章对所得出的相关结论进行小结，得出以下结论，根据所得出的相关结论，提出相应的政策建议与下一步的研究思路。

## 8.1 主要结论

根据本书设计的研究思路、目标和内容，采用适合本书的研究方法，本书对新一轮集体林地确权对样本农户林地流转和长期、短期林业资本和劳动力投入进行细致的实证研究。根据本书实证研究结果，可以得出如下结论：

### 8.1.1 新一轮集体林地确权对林地流转的影响

通过检验新一轮集体林地确权与林地流转之间的内生性，用内生转换模型和双重差分模型，本书研究了新一轮集体林地确权对农户林地流转概率和林地流转面积的影响，研究结果显示：（1）新一轮集体林地确权提高了农户流入林地的概率，增加了农户林地流入面积；也促进了农户流出林地，增加了林地流出面积，但是对于林地流入的影响要大于对流出的影响；通过采用反事实分析，如果给未确权农户颁发林权证，那么会使其林地流入概率增加 59%，林地流出概率增加 43.6%。（2）新一轮集体林地确权的时间越长，农户林地流入和流出的可能性越大，这说明新一轮集体林地确权对农户林地流转的影响具有一定的时滞性，由于林地流转的期限平均 30 年以上，而林地流转对农户来说是一件大事，因此农户会先观察政策的持续性，在确定产权是安全的之后，再进行流转行为，在确权后的第四年才开始对农户林地流入产生显著影响，在第六年才开始对林地流出产生显著影响，并且对林地流入的作用更强，影响更持久。（3）新一轮集体林地确权政策对小规模农户的林地流转作用并不显著，但是显著提高了林业经营大规模农户的林地流入概率和林地流入规模。

### 8.1.2　新一轮集体林地确权对林业长期投入的影响

经检验新一轮集体林地确权与农户林业长期投入之间不存在内生性，通过建立双重差分模型和多项 Logit 模型，从农户造林面积、造林资本投入、造林劳动力投入和抚育劳动力投入四个角度研究了确权政策的效果，本书经验性结果显示：（1）新一轮集体林地确权增加了农户的造林面积、造林资本投入、造林和抚育劳动力投入，但是对不同林地规模的农户影响表现出明显差异，确权政策为大规模农户提供了更为明确的林地权属安全信号，有效促进了大规模农户的林业长期投入，但是对中小规模农户作用不明显。（2）新一轮集体林地确权对样本农户长期投入的影响具有明显的区域特点，确权对山东省和河南省农户的造林和抚育行为均没有产生影响，对福建省和广西的农户造林资本或造林和抚育劳动力投入产生了部分影响，同时对湖南和辽宁等省的农户长期投入行为有显著激励作用。究其原因，这一方面与新一轮集体林地确权前的权属安排有紧密联系，如果新一轮集体林地确权前权属状况明晰，在本轮确权时主要是换发新的林权证，那么新一轮集体林地确权的政策效果就不会太明显；另一方面与确权进展有关，由于林地合同未到期不能收回等原因，某些地区实行“预期均山”这种形式的确权，那么对农户的激励效果就需要等待。（3）新一轮集体林地确权对农户造林的林种有不同的影响，根据样本农户造林情况，将新造林地分为四类：速生丰产林、非速生丰产用材林、经济林和竹林，多项 Logit 结果显示，新一轮集体林地确权仅对农户新造速生丰产林有显著促进作用，对其他林种没有明显作用。从动态影响来看，确权也仅对速生丰产林有显著促进，并且政策效果的显现会在确权第一年就出现，但是持续时间不长。

### 8.1.3 新一轮集体林地确权对林业短期投入的影响

本书进一步分析了新一轮集体林地确权对农户林业短期投入的影响，短期投入将从资本和劳动力两个角度来考量，研究结果显示：（1）新一轮集体林地确权显著促进了经营商品林农户的短期资本投入的 39.21%，但对全部样本农户的影响不显著；从林业劳动力投入角度来看，新一轮集体林地确权对林业短期劳动力投入有正向激励作用。（2）从不同林业经营规模农户来看，新一轮集体林地确权对不同经营规模农户的林业短期投入有不同影响，经验性结果可知，确权对不同经营规模农户的林业短期资本投入均没有产生显著作用，对小规模和大规模农户的林业劳动力投入也没有影响，仅对中等规模农户林业劳动力投入有显著作用。新一轮确权对不同经营规模农户林业短期投入产生不同效果的原因可能在于，对中小规模农户而言，鉴于林业经营回报周期过长，而林业产出效益与风险不成正比，农户不愿意投入过多资本到林业经营中可以理解；对大规模农户来说，经营林业是其家庭收入的主要来源，他们有着更专业和系统的管护经验，对林业的短期资本投入是根据树木生长特点来投入的，在长期以来必然是稳定和足额的，不会因政策的改变而发生大的改变，而大规模农户也往往已经将自有劳动力按照需求投入到林业经营中了，也不会因政策产生大变化；新一轮集体林地确权仅对中等规模农户的林业劳动力投入产生了正向作用，因为劳动力在农闲或者其他工作的淡季对农民来说机会成本接近于零，当确权政策来临时，农户有兴趣为能够提供一定家庭收入的林业增加一部分劳动力投入。（3）确权对北方样本省的林业短期投入影响不大，对南方样本省有正向积极影响，究其根源还是因为不同地区经营的林种不同，确权对经济林和竹林的影响没有显著作用，只对用材林短期资本和劳动力投入产生一定作用。（4）确权对林业短期投入的影响会随着确权时间的延长而增强，这种作用持续的时间明显长于对林业长期投入的影响。

### 8.1.4 其他因素对林地流转、林业投入的影响

样本农户的林地流转和林业长期与短期资本和劳动力投入不仅受新一轮集体林地确权影响，而且是新一轮集体林权制度改革的配套改革措施等其他因素的函数，本书侧重分析新一轮集体林地确权对样本农户的林地流转和林业长期与短期资本和劳动力投入的影响，同时也考虑了其他因素对样本农户这些行为的影响。

首先，其他政策因素对农户林业长期与短期资本与劳动力投入的影响。在本书研究农户林业长期与短期资本与劳动力投入时，加入采伐申请是否容易、是否有造林补贴、是否参加林业合作社、是否有林业保险和是否有林权抵押贷款等新一轮集体林权制度改革的配套改革政策变量。从结果可见，采伐申请获得越容易，农户对林地的长期投入和短期投入均会增加，采伐指标的获取是用材林能否最终获得收益的关键，是农户从事林业的动力，也是农户开展林业投入的充分条件。造林补贴的获得对农户造林面积有正向显著作用，对其他林业投入没有产生显著影响。林业合作社本身比例比较低，对农户林业投入没有显著作用。林业保险对农户林业长期投入没有显著影响，对林业短期劳动力投入是负向影响，森林保险可能减少了农户日常护林的劳动力投入，因此对林业劳动力投入表现出负向作用。林权抵押贷款在调研样本中所占比例极小，这一政策本应该能够拓宽农户的融资渠道，提高农户的林业投入，但结果显示，林权抵押贷款对农户林业长期投入没有显著影响，只对中等规模和大规模农户的短期投入有促进作用。金融机构对小规模土地抵押并没有太大兴趣，加之林地资源的特殊

性，抵押前需要对林地资源进行评估，因此对小规模农户的影响不大。

其次，市场因素对林业投入的影响。利率是资本使用的机会成本，更高的利率或者更高的利率增长率，会提高农户林业投入的机会成本，农户更不愿意将资本投入到林业经营中；反之低利率会促进农户加大对林业的投入，这符合我们的预期。木材价格对农户林业投入应该是正向影响，但是从经验性结果可知，木材价格对样本农户林业长期投入和短期投入均没有显著激励作用。非农劳动力价格越高，农户越愿意从事非农行业，对林业的长期投入会减少。

再次，农户和村庄特征对林地流转、林业投入的影响。从农户特征来看，户主越年轻，越愿意流入林地，且越愿意对林业进行长期投入和短期投入，年纪大的农户由于其私人贴现率高而不愿意对生产周期长的林业进行投入。村干部由于掌握了更多的信息，对政策的理解也比普通农户要透彻，因此在林地流转的过程中占有一定优势，村干部能够提高其林地流入的概率。农户非农劳动力投入比例越大，林地流入的可能性越低，但是林业本身不需要投入像农业那么多的劳动力，农户也有可能在减少农业生产的同时增加对现有林地的投入。海拔高度会直接影响林木的生长环境，低海拔地区的集体林地的流转率更高，与其经营管理和采伐的难度较低有关。

最后，农户资源特征对林地流转、林业投入的影响。林地面积越大的农户，更愿意流入林地，林地进一步向大户集中，有利于实现规模经济，从林地上获取更好的收益。林地经营规模大对林地长期投入和短期投入的促进作用都要优于中小规模农户，大规模林地经营农户需要更多的资本投入，新一轮集体林地确权激励大规模林地经营农户对林地投入资本。

## 8.2 政策建议

根据本书得出的主要结论，为了实现集体林区森林资源可持续经营管理，实现新一轮集体林权制度改革提出提高农民收入和增加森林资源面积与蓄积的政策目标，提出以下政策建议：

第一，进一步完善新一轮集体林地确权工作，对未确权的林地尽快核发林权证。鉴于集体林地确权对农户林地流转和林业投入的激励作用，应该将新一轮集体林地确权作为常态化的工作进行落实。根据确权不能顺利进行的不同原因，如林权纠纷、合同未到期不能收回林地等，制定合理的对策，尽快完成林地确权工作。

第二，完善林地流转市场，对流转合同、支付方式等进行规范，适度扩大集体林地经营规模。林地“三权”分置，为林地流转提供了更多便利，在充分尊重农户流转林地意愿的基础上，进一步规范集体林地产权及流转相关法律政策。建立全国或较大区域性集体林地林木流转市场交易平台与林地评估、林地流转金融支持等社会化服务体系平台，实现政府各部门与各集体林经营市场主体之间的信息共享，使林权交易公开透明，降低信息不对称给农户带来的损失。限制集体林地向没有经营优势的公司或大户流转，避免经营主体以投机为目的，或者套取林权抵押贷款为目标。

第三，关注中小规模农户，给中小规模农户的林业经营提供技术指导和政策引导。完善各项配套改革，促进中小农户林地流转和林业长期与短期投入，引导农户营造经济和生态效益双赢的树种与林种，实现集体森林资源可持续经营的发展目标。现阶段农户造林以速生丰产林为主，多为单一树种，这造成的生态问题不容忽视。政府在农户或公司造林时，应适度引导，提供技术支持，多营造混交林，在树种选择上可以多样化。

第四，保障林地产权的安全性，使产权对农户林业生产投入的影响有持续性。新一轮集体林地确权对农户林业投入激励作用的持续性不够，尤其是对林业长期投入，虽然这一方面与长期投入受资源状况制约有关系，但更多地在于农户对产权安全性的担忧。因此，政府应该宣传新一轮集体林地确权的政策，让农户对产权稳定产生信心，以此来更大激励农户经营林业的积极性。

## 8.3 下一步的研究思路

本书虽然对新一轮集体林地确权对样本农户林地流转、长期与短期资本和劳动力投入行为开展了较为深入的研究，但依然存在一些研究局限性和不足，需要开展更为深入的集体林地权属及其影响的研究。

第一，本书主要从新一轮集体林地确权对农户林地流转、农户林业长期和短期资本与劳动力投入等方面对农户林业经营行为进行分析，但尚未研究新一轮集体林地确权对农户林业收入以及森林采伐行为等的影响。与此同时，本书隐含假设为林业生产要素和产出市场是完全竞争的，但实际上属于非完全竞争市场，存在扭曲和不完善，这也是本书的研究不足之一。在未来的研究中，需要考虑到林业生产要素和产出市场的不完善性和扭曲的影响。

第二，本书采用的是大样本长期农户跟踪调研数据，但在研究新一轮集体林地确权对农户林地流转行为影响时，受制于问卷调研指标有一定程度的调整，仅整理出了6个县7年的林地流转数据，虽然能够有较强的代表性，但是如果能够覆盖更多的县，那么研究结果的说服力更强。在今后的研究中，可以尝试针对林地流转行为做更深入覆盖面更广的调研。同时，林地流转行为发生在村集体层面和公司层面的占到一定比例，如果在调研时能够获得村级流转数据，可能对林地流转行为有更全面的了解。

第三，需要更为广阔的视野把影响新一轮集体林地确权和生产要素投入的影响因素考虑在内，更好地把握新一轮集体林地确权对农户林地流转、农户林业长期和短期资本与劳动力投入等方面的影响。如新一轮集体林地确权的配套改革中，林权抵押贷款为新一轮集体林权制度改革的重要配套改革措施之一，这一政策本能拓宽农户的融资渠道，激励农户对林业的投入。然而，在实地调研中，笔者发现：小规模农户难以从正式金融机构获得林权抵押贷款，那么我们需要回答如下问题：集体林地确权到底对林权抵押贷款有没有作用，如果有，是什么影响？如果没有，原因是什么？以及确权是否通过“信贷效应”影响农户对林业的投入？这是未来需要探讨的问题，而解决这一问题可能需要更多银行层面的农户信贷的数据，可能需要从村级乃至县级层面并分区域来思考。

# 参考文献

［1］国家林业局．中国林业发展报告［M］．北京：中国林业出版社，2014.

［2］国家林业局．中国林业统计年鉴 2017［M］．北京：中国林业出版社，2017.

［3］国家林业局．中国林业年鉴 2014［M］．北京：中国林业出版社，2014.

［4］Deininger，K.，Ayalew，D.，and Yamano，T. Legal knowledge and economic development：the case of land rights in Uganda. *World Bank Policy Research Working Paper*，2006（3）：3868.

［5］Coase R，Wang N. How China became capitalist. Hampshire，UK：Palgrave Macmillan，2012.

［6］黄少安，孙圣民，宫明波．中国土地产权制度对农业经济增长的影响——对 1949—1978 年中国大陆农业生产效率的实证分析［J］．中国社会科学，2005（4）：38－47.

［7］McMillan，J.，Whalley，J.，and Zhu，L. The impact of China's economic reforms on agricultural productivity growth. *Journal of Political Economy*，1989，97（4）：781－807.

[8] Hyde, W. F., Belcher, B. M., and Xu, J. (eds.). China's forests: global lessons from market reforms. Washington, DC: Resources for the Future, 2003.

[9] 狄升. 林业股份制之我见 [J]. 林业经济, 1994 (1): 64 – 70.

[10] Shen, Y., Zhang, Y., Xu, X. et al. Towards decentralization and privatization of China's collective forestlands: a study of 9 villages in 3 provinces. *International Forestry Review*, 2009, 11 (4): 28 – 35.

[11] 林业部. 中国林业年鉴 1986 [M]. 北京: 中国林业出版社, 1986.

[12] 国家林业和草原局. 中国林业和草原局发展报告 [M]. 北京: 中国林业出版社, 2018.

[13] Mises, L. V. The Theory of Money and Credit. New Haven: Yale University Press, 1953.

[14] Solow, R. M. Growth Theory: An Exposition (2nd edition). U. S. A: Oxford University Press, 2000.

[15] De Soto, H. The Mystery of Capital: Why Capitalism Triumphs in the West and Fails Everywhere Else. Bantam: London, 2000.

[16] Bardhan, P. and Udry, C. Development Microeconomics. U. S. A: Oxford University Press, 1990.

[17] Arruñada, B. Institutional Foundations of Impersonal Exchange: Theory and Policy of Contractual Registries. Chicago: University of Chicago Press, 2012.

[18] 詹姆斯·弗农. 远方的陌生人: 英国如何成为现代国家的

[M]. 张祝馨（译）. 北京：商务印书馆，2014.

[19] Sikor, T., Stahl, J., Enters, T. et al. REDD-plus, forest people's rights and nested climate governance. *Global Environmental Change*, 2010, 20 (3): 423 - 425.

[20] FAO. Reforming Forest Tenure: FAO Forestry Paper. *Rome*: *FAO*, 2011: 165.

[21] Sunderlin, W., Hatcher, J. and Liddle, M. From Exclusion to Ownership? Challenges and Opportunities in Advancing Forest Tenure Reform. Washington, DC: Rights and Resources Initiative, 2008.

[22] 刘璨，张永亮，刘浩等. 集体林权制度改革及配套改革农户意愿与行动研究——基于长期农户大样本数据 [J]. 林业经济，2015，37 (12): 3 - 13.

[23] Wang, G., Innes, J. L., Lei, J. et al. China's forestry reforms. *Science*, 2007, 318 (5856): 1556 - 1557.

[24] Xie, L., Berck, P., and Xu, J. T. The effect of collective forest tenure reform in China on forestation. Discussion Paper, 2011, http: //ssrn. com/abstract = 1782289.

[25] Qin, O., Xu, J. T. Forest land rights, tenure types, and farmers' investment incentives in China: an empirical study of Fujian Province. *China Agricultural Economics Review*, 2013, 5 (1): 154 - 170.

[26] Holden, S. T., Yi, Y. Y., Jiang, X. M. et al. Tenure security and investment effects of forest tenure reform in China// Holder, S. T., Otsuka,

K. , Deininger, K. Land tenure reform in Asia and Africa: assessing impacts on poverty and natural resource management. New York: Palgrave Macmillan, 2013: 256 -282.

[27] Xu, J. T. Collective forest tenure reform in China: what has been achieved so far? *Working Paper*, 2008.

[28] Yi, Y. , Köhlin, G. , and Xu, J. T. Property rights, tenure security, and forest investment incentive: evidences from China's collective forest tenure reform. *Environmental and Development Economics*, 2014 (19): 48 -73.

[29] Xie, Y. , Berck, P. and Xu, J. T. The effect of forestation of the collective forest tenure reform in China. *China Economic Review*, 2016 (38): 116 -129.

[30] 刘珉. 集体林权制度改革：农户种植意愿研究——基于 Ellinor Ostrom的 IAD 延伸模型 [J], 管理世界, 2011 (5): 93 -98.

[31] Lin, Y. , Qu, M. , Liu, C. et al. Land tenure, logging rights, and tree planting: Empirical evidence from smallholders in China. *China Economic Review*, 2018, 08 (011).

[32] Schlager, E. , Ostrom, E. Property-Rights Regimes and Natural Resources: A Conceptual Analysis. *Land Economics*, 1992, 68 (3): 249 -262.

[33] Besley, T. Nonmarket institutions for credit and risk sharing in low-income countries. *Journal of Economic Perspectives*, 1995, 9 (3): 115 -127.

[34] Gavian, S. , Fafchamps, M. Land tenure and allocative efficiency in Niger. *American Journal of Agricultural Economics*, 1996, 78 (2): 460 -471.

[35] Coase, R. H. Blackmail. *Virginia Law Review*, 1988 (74): 655-676.

[36] Schmid, A. A. Conflict and Cooperation: Institutional and Behavioral Economics. UK: The Black Publishing Ltd: Oxford, 2004.

[37] Smith, A. An Inquiry into the Nature and Causes of the Wealth of Nations, 1776//Cannan, E. edition, Chicago: University of Chicago Press, 1977.

[38] Berle, A. and Mean, G. The Modern Corporation and Private Prioperty (2nd edition). Transaction Publishers, 1932 (1991).

[39] Coase, R. H. The problem of social cost. *Journal of Law and Economics*, 1960 (2): 1-40.

[40] Demsetz, H. Towards a theory of property rights. *The American Economic Review*, 1967, 57 (2): 347-359.

[41] Alchian, A. A. Some economics of property rights. *IL Politico*, 1965, 30 (4): 816-829.

[42] 钱忠好. 农地承包经营权市场流转：理论与实证分析——基于农户层面的经济分析 [J]. 经济研究，2003 (2): 83-91.

[43] 张建龙. 中国集体林权制度改革 [M]. 北京：中国林业出版社，2017.

[44] Marshall, A. Principles of Economics 8th ed. London: Macmillan, 1920.

[45] Scully, G. W. The institutional framework and economic development. *Journal of Political Economy*, 1988 (96): 652-662.

[46] Keefer, P., and Knack, S. Why don't poor countries catch up? A

cross-country tests of an institutional explanation. *Economic Inquiry*, 1997 (35): 590 - 602.

[47] North, D. C. Institutions, Institutional Change, and Economic Performance. New York: Cambridge University Press, 1990.

[48] Ellickson, R. C. Order without Law: How Neighbors settle Disputes. Cambridge: Harvard University Press, 1991.

[49] William, D. E. The Economic Institutions of Capitalism. New York: Free Press, 1985.

[50] Eggerson, T. Economic Behavior an Institutions. Cambridge: Cambridge University of Press, 1990.

[51] Bromley, D. W. Environment and Economy: Property Rights and Public Policy. Basil Blackwell: Cambridge, MA, 1991.

[52] Böhm-Bawerk, E. V. Whether legal rights and relationships are economic goods// H Sennholz (ed.). Shorter Classics of Böhm-Bawerk. South Holland: Libertarian Press, 1881.

[53] Commons, J. R. Institutional Economics: Its Place in Political Economy, Volume 1. Routledge, 1989.

[54] Ostrom, E., and Hess, C. Private and Common Property Rights// G. De Geest (eds). Encyclopedia of Law and Economics, Edward Elgar Publishing, 2010.

[55] Ostrom, E. Ostrom: A long polycentric journey. *Annal Review of Political Science*, 2010 (13): 1 - 23.

[56] Mises, L. V. Socilism: An Economic and Sociological Analysis. Indianzpolis: Liberty Press, 1936.

[57] 张五常. 佃农理论 [M]. 北京：中信出版社，2000.

[58] Libecap, G. Contracting for Property Rights. Cambridge: Cambridge University Press, 1989.

[59] Barzel, Y. Economic Analysis of Property Rights. Cambridge: Cambridge University Press, 1989.

[60] Hardin, G. The tragedy of the common. *Science*, 1968 (162): 1243 - 1248.

[61] Gordon, H. S. The economics of a common property resource: the fishery. *Journal of Political Economy*, 1954, 62 (4): 124 - 142.

[62] Alchian, A. A. Property rights, Eatwell J M, Milgate and P Newman (eds). The Invisible Hand: the New Palgrave. Norton: New York, 1989: 232 - 238.

[63] Bingham, T. The Rule of Law. *Harmondsworth*: *Allen Lane*, 2010: 37 - 38.

[64] Mansfield, L. and Vallejo, V. Wheeler, 1774// Bingham (eds), the Rule of Law, 2010: 38.

[65] Waldron, J. The Rule of Law and the Measure of Property. Cambridge: Cambridge University Press, 2012.

[66] Feder, G. and Feeny, D. Land Tenure and Property Rights: Theory and Implications for Development Policy. *World Bank Economic Review*, 1991, 5

(1): 135 - 153.

[67] Abdulai, A., Goetz, R., Owusu, V. Land tenure differences and investment in land improvement measures: theoretical and empirical analyses. *Journal of Development Economics*, 2011, 96 (9): 66 - 78.

[68] Platteau, J. P. The evolutionary theory of land rights as applied to Sub-Saharan Africa: A critical assessment. Development and Change, 1996, 27 (1): 29 - 86.

[69] Chimhowu, A., and Woodhouse, P. Customary vs. private property rights? Dynamics and trajectories of vernacular land markets in Sub-Saharan Africa. *Journal of Agrarian Change*, 2003, 6 (3): 346 - 371.

[70] Feder, G., Onchan, T., and Chalamwong, Y. Land Policies and Farm Performance in Thailand's Forest Reserve Areas. *Economic Development and Cultural Change*, 1988 (36): 483 - 501.

[71] Deacon, R. T. Deforestation and ownership: Evidence from historical accounts and contemporary data. *Land Economics*, 1999, 75 (3): 341 - 359.

[72] 吉登艳，马贤磊，石晓平．林地产权对农户林地投资行为的影响研究：基于产权完整性与安全性——以江西省遂川县与丰城市为例[J]. 农业经济问题，2015，36 (3): 54 - 61，111.

[73] 仇童伟，罗必良．农地产权强度对农业生产要素配置的影响．中国人口资源与环境，2018，28 (01): 63 - 70.

[74] Sjaastad, E. and Bromley. D. W. Indigenous land rights in Sub-Saharan Africa: Appropriation security, and investment demand. *World Development*,

1997, 25 (4): 549 - 562.

[75] Feder, G., Lau, L. J., Lin, J. Y. et al. The determinants of farm investment and residential construction in post-reform China. *Economic Development and Cultural Change*, 1992, 41 (1): 1 - 26.

[76] Li, G., Rozelle, S., Brandt, L. Tenure, land rights, and farmer investment incentives in China. *Agricultural Economics*, 1998, 19 (1): 63 - 71.

[77] Owubah, C. E. Dennis, J., Le Master J. M. et al. Forest tenure systems and sustainable forest management: The case of Ghana. *Forest Ecology and Management*, 2001, 149 (1): 253 - 264.

[78] Place, F. Population, tenure and natural resource management: The case of customary land area in Malawi. *Journal of Environmental Economics and Management*, 2001, 41 (1): 13 - 32.

[79] Cattaneo, A. Deforestations in the Brazilian Amazon: Comparing the impacts of macroeconomic shocks, land tenure, and technological change. *Land Economics*, 2001, 77 (2): 219 - 240.

[80] Nautiyal, J. C., Rawat, J. K. Role of forest tenure in the investment behaviour of integrated Canadian forestry firms. Canadian Journal of Forest Research, 1986, 16 (3): 456 - 463.

[81] 钟甫宁，纪月清. 土地产权、非农就业机会与农户农业生产投资[J]. 经济研究，2009 (12): 43 - 51.

[82] Brasselle, A. S., Gaspart, F. and Platteau, J. P. Land tenure secu-

rity and investment incentives: puzzling evidence from Burkina Faso. *Journal of Development Economics*, 2002, 67 (2): 373 - 418.

[83] Zhang, D., Pearse, P. H. Differences in Silvicultural Investment under Various Types of Forest Tenure in British Columbia. *Forest Science*, 1996, 42 (4): 442 - 449.

[84] Bohn, H., Deacon, R. T. Ownership risk, investment, and the use of natural resources. *American Economic Review*, 2000, 90 (3): 526 - 549.

[85] Kaufmann, D., Kraay, A. and Mastruzzi, M. Government matters iii: governance indicators for 1996 - 2002. *Social Science Electronic Publishing*, 2003, 18 (2): 253 - 287 (35).

[86] Godoy, R., Jacobson, M., de Castro, J. et al. The role of tenure security and preference in Neotropical deforestation. *Land Economics*, 1998, 74 (2): 162 - 170.

[87] Larson, A. M., Barry, D., Dahal, G. R. et al. (eds). Forests for People: Community Rights and Forest Tenure Reform. London: Earthscan, 2010.

[88] Buchanan, J. M. An economic theory of clubs. *Economica*, 1965, 32 (125): 1 - 14.

[89] Pearse, P. H. Property rights and the development of natural resource policies in Canada. *Canadian Public Policy*, 1988, 14 (3): 307 - 320.

[90] Laarman, J. G. Government Polices Affecting Forests in Latin America. Environment Division of Social Programs and Sustainable Development Program. Washington DC: Inter-American Development Bank, 1996.

[91] Mendelsohn, R. Property Rights and Tropical Deforestation. *Oxford Economic Papers*, 1994 (46): 750 - 756.

[92] North, D. C. The Rise of the Western World: A New Economic History. Cambridge: Cambridge University Press, 1973.

[93] North, D. C. Institutions and economic growth: An historical introduction. *World Development*, 1989, 17 (9): 1319 - 1332.

[94] Carter, M. R., Yao, Y. Specialization without regret: Transfer rights, agricultural productivity, and Investment in an Industrializing Economy. *World Bank. Washington, D. C*, 1999.

[95] Jacoby, H., Li, G., and Rozelle, S. Hazards of expropriation: tenure insecurity and investment in rural China. *The American Economic Review*, 2002, 92 (5): 1420 - 1447.

[96] Brandt, L., Rozelle, S. and Turner, M. A. Local government behavior and property rights formation in rural China. *Working Papers*, 2002, 160 (4).

[97] Rozelle, S., Brandt, L., Gou, L. et al. Land rights in China: facts, frictions, and issues. *The China Journal*, 2002 (47): 67 - 97.

[98] Southgate, D., Sierra, R., and Brown, L. The causes of tropical deforestation in Ecuador: A statistical analysis. *World Development*, 1991, 19 (9): 1145 - 1151.

[99] Wallace, T. D., Newman, D. H. Measurement of ownership effects on forest productivity in North Carolina from 1874 - 1984. *Canadian Journal of*

*Forest Research*, 1986 (16): 733 -738.

[100] Larson, B. A., Bromley, D. W. Property rights, externalities, and resource degradation: locating the tragedy. *Journal of Development Economics*, 1990 (33): 235 -262.

[101] White, A., Martin, A. Who Owns the World's Forests? Washington, DC: Forest Trends, 2002.

[102] Larson, A. M., Ribot, J. C. The poverty of forestry policy: double standards on an uneven playing field. *Sustainability Science*, 2007, 2 (2): 189 -204.

[103] FAO. Global Forest Resource Assessment 2010—Main Report. Rome, Italy: FAO Forestry Paper, 2010: 163.

[104] Nguyan, Q. T. Forest devolution in Vietnam: Differentiation in benefits from forest among local households. *Forest Policy and Economics*, 2006, 8 (4): 409 -420.

[105] Sunderlin, W. The global forest tenure transition: background, substance, and prospects. // Sikor, T. and Stahl, J. (eds). Forests and People: Property, Governance, and Human Rights. London and New York: Earthscan, 2011.

[106] Larson, A. M. Democratic decentralization in the forest sector: Lessons learned from Africa, Asia and Latin America. // Colfer, C. J. and Capistrano, D. (eds). The Political of Decentralization: Forests, Power and People. London and Sterling, VA: Earthscan, 2005.

[107] Persha, L., Agrawal, A., Chhatre, A. Social and ecological synergy: local rulemaking, forest livelihoods, and biodiversity conservation. *Science*, 2011, 331 (6024): 1606 - 1608.

[108] Agrawal, A. The regulatory community: decentralization and the environment in the van panchayats (forest councils) of Kumaon, India. *Mountain Research & Development*, 2001, 21 (21): 208 - 211.

[109] Klooster, D. Campesinos and Mexican forest policy during the twentieth century. *Latin American Research Review*, 2003, 38 (2): 94 - 126.

[110] Deininger, K., Yamano, A. T. Legal knowledge and economic development: the case of land rights in Uganda. *Land Econnomics*, 2008, 84 (4): 593 - 619.

[111] DFID (UK) Department for International Development. Land: Better Access and Secure Tenure for Poor People. London: DFID, 2007.

[112] SIDA (Swedish International Department Cooperation Agency. Natural Resource Tenure, Position paper. Stockholm, Sweden: SIDA, 2007.

[113] Yeah, E. Property relations in Tibet since decollectivization and the question of "fuzziness". *Conservation and Society*, 2004, 2 (1): 163 - 187.

[114] Edmunds, D., and Wollenberg, E. Historical perspectives on forest policy change in Asia: An introduction. *Environmental History*, 2001, 6 (2): 190 - 212.

[115] Duncan, C. R. The impact of regional autonomy and decentralization on indigenous ethnic minorities in Indonesia. *Development and Change*, 2007,

38 (4): 711 -733.

[116] Tacconi, T. Reinterpreting a colonial rebellion: Forestry and social control in German East Africa, 1874 - 1915. *Environmental History*, 2007, 8 (3): 430 -451.

[117] Agrawal, A., Ostrom, E. Collective Action, Property Rights, and Decentralization in Resource Use in India and Nepal. *Politics & Society*, 2008, 29 (4): 485 -514.

[118] Larson, A. M., Pacheco, P., Toni, F. et al. Trends in Latin American forestry decentralizations: Legal frameworks, municipal governments and forest dependent groups. *International Forestry Review*, 2007, 19 (3): 734 -747.

[119] Verdery, K. The Vanishing Hectare: Property and Value in Postsocialist Transylvania. Ithaca, New York: Cornell University Press, 2003.

[120] Hann, C. (eds) The Postsocialist Agrarian Question: Property Relations and the Rural Conditions, LIT Verlage: Mūster, 2003.

[121] Ribot, J., Peluso, N. A theory of access. *Rural Sociology*, 2003, 68 (2): 153 -181.

[122] Berkes, F. Community-based conservation in a globalized world. *Proceedings of the National Academy of Sciences*, 2007, 104 (39): 15188 -15193.

[123] Meinzen-Dick, R. Beyond panaceasia water institutions. *Proceedings of the National Academt of Sciences*, 2007, 104 (39): 15200 -15205.

[124] Feder, G. The economics of land and titling in Thailand. // Feder G, Onchan T, Chamalwong Y, and Hongladarom C, (eds). Land Poicies and farm productivity. Baltimore: Johns Hopkins University Press, 1988.

[125] 董国礼，李里，任纪萍. 产权代理分析下的土地流转模式及经济绩效 [J]. 社会学研究，2009 (1)：25 -63.

[126] 姚洋. 非农就业结构与土地租赁市场的发育 [J]. 中国农村观察，1999，(2)：18 -23.

[127] 姚洋. 中国农地制度：一个分析框架 [J]. 中国社会科学，2000 (2)：54 -65.

[128] 贺振华. 农户兼业及其对农村土地流转的影响——一个分析框架 [J]. 上海财经大学学报，2006 (4)：72 -78.

[129] 廖洪乐. 农户兼业及其对农地承包经营权流转的影响 [J]. 管理世界，2012 (5)：62 -87.

[130] 李孔岳. 农地专用性资产与交易的不确定性对农地流转交易费用的影响 [J]. 管理世界，2009 (3)：92 -98.

[131] 郜亮亮，黄季焜，Rozelle. 中国农地流转市场的发展及其对农户投资的影响 [J]. 经济学（季刊），2011，10 (4)：1499 -1514.

[132] Coase, R. H. The institutional structure of production. *American Economic Review*, 1992 (82): 713 -719.

[133] Lands, W. M., Posner, R. A. The Economic Structure of Tort Law. Cambridge, MA: Harvard University Press, 1987.

[134] Medema, S. G. Ronald H. Coase. London: Macmillan, 1994.

[135] Samuels, W. J. The Legal-Economic Nexus. New York: Routledge, 2007.

[136] 吉登艳，马贤磊，石晓平．土地产权安全对土地投资的影响：一个文献综述［J］．南京农业大学学报（社会科学版），2014，14（3）：52－61.

[137] Alston, L. J., Libecap, G. D., Schneider, R. The determinants and impact of property rights: Land titles on the Brazilian frontier. *The Journal of Law, Economics and Organization*, 1996, 12 (1): 25－61.

[138] Deininger, K., Chamorro, J. S. Investment and equity effects of land regularisation: the case of Nicaragua. *Agricultural Economics*, 2004, 30 (2): 101－116.

[139] Place, F., Migot-Adholla, S. E. The Economic Effects of Land Registration on Smallholder Farms in Kenya: Evidence from Nyeri and Kakamega Districts. *Land Economics*, 1998, 74 (3): 360－373.

[140] Holden, S. T., Yohannes, H. Land redistribution, tenure insecurity and input intensity: a study of farm households in southern Ethiopia. *Land Economics*, 2002, 78 (4): 573－590.

[141] 姚洋．农地制度与农业绩效的实证研究［J］．中国农村观察，1998（6）：3－12.

[142] 朱民、慰安宁、刘守英．家庭责任制下的土地制度和土地投资［J］．经济研究，1997（10）：62－69.

[143] Deininger, K., Jin, S. Tenure security and land-related invest-

ment: evidence from Ethiopia. European Economic *Review*, 2005, 50 (5): 1245 -1277.

[144] Holden, S. T., Shiferaw, B. and Wik, M. Poverty, market imperfections and time preferences: of relevance for environmental policy? *Environment and Development Economics*, 1998 (3): 105 -130.

[145] 孙妍，徐晋涛．集体林权制度改革绩效实证分析［J］．林业经济，2011（7）：6 -13.

[146] Bruce, J. W. A perspective on indigenous land tenure systems and land concentration. // Downs, R. E., Reyna, S. P. (eds) Land and society in contemporary Africa. Hanover: University press of New England, 1988: 23 -52.

[147] Carter, M. R., Olinto, P. Getting institutions 'right' for whom: credit constraints and the impact of property rights on quantity and composition of investment. *American Journal of Agricultural Economics*, 2003, 85 (1): 173 -186.

[148] Liu, C., Liu, H., Wang, S. Has China's new round of collective forest reforms caused an increase in the use of productive forest inputs? Land Use Policy, 2017 (64): 492 -510.

[149] Liu, C., Wang, S. and Liu, H. An Examination of the effects of recent tenure reforms in China's collective forests on peasants' forest activities and their income. International Forestry Review, 2017, 19 (1): 55 -67.

[150] Trosper, R. L. American Indian relative ranching effeciciency. *Amercan Economic Review*, 1978, 68 (4): 503 -516.

[151] Anderson, T., Lueck, D. Land tenure and agricultural productivity

on Indian reservations. *Journal of Law and Ecoomics*, 1992, 35 (2): 427 -454.

[152] Ostrom, E., Chang, C., Pennington, M. et al. The Future of the Commons-Beyond Market Failure and Government Regulation. *Ssrn Electronic Journal*, 2013, 54 (109): 101 -107.

[153] Epstein, R. Takings: Private Property and the Power of Eminent Domain. Cambridge: Harvard University Press, 1985.

[154] Tullock, G. The welfare costs of tariffs, monopolies, and theft. *Western Economic Journal*, 1967 (5): 224 -232.

[155] Popkin, S. L. The Rational Peasant: The Political Economy of Rural Society in Vietnam. London, England: University of California Press, 1979.

[156] 黄宗智. 中国的隐性农业革命 [M]. 北京: 法律出版社, 2010.

[157] Kinder, D. R., Weiss, J. A. In lieu of rationality: psychological perspective on foreign policy decision making. *Journal of Conflict Resolution*, 1978, 22 (4): 707 -735.

[158] March, J. G., Simon, H. A. Organizations. New York: John Wiley and Sons, 1958.

[159] Thaler, R. H., Sunstein, C. R. Nudge: Improving Decisions about Health, Wealth, and Happiness. New Haven & London: Yale University Press, 2008.

[160] World Bank. World Bank Report 2015: Mind, Soceity, and Behavior. Washington, DC.: World Bank Group, 2015.

[161] Braybrooke, D., Lindblom, C. E. A Strategy of Decision: Policy

Evaluation as a Social Process. New York: Free Press, 1963.

[162] Binkley, C. S. Timber supply from nonindustrial forests. New Haven: Yale University, 1981.

[163] Dennis, D. F. An economic analysis of harvest behavior: integrating forest and ownership characteristics. *Forest Science*, 1989, 35 (4): 1088 - 1104.

[164] Boyd, R. Government support of nonindustrial production: the case if private forests. *Southern Economic Journal*, 1984, 51 (1): 89 - 107.

[165] Newman, D. H., Wear, D. N. Production economics of private forestry: a comparison and industrial and nonindustrial forest owners. *American Journal of Agricultural Economics*, 1993 (75): 674 - 684.

[166] Prestemon, J. P., Wear, D. N. Linking harvest choices to timber supply. *Forest Science*, 2000, 46 (3): 377 - 389.

[167] Hyberg, B., Holthausen, D. The behavior of non-industrial private forest landowners. *Canadian Journal of Forest Research*, 1989 (19): 1014 - 1023.

[168] Faustmann, M. (1849). On the determination of the value which forest land and immature stand process for forestry. // M. Gane, ed., Institute Paper 42 (Commonwealth Forestry Institute, Oxford University, 1968): 27 - 55. Originally published in German in *Allegemeine Forest und Jagd Zeitung*, 1849: 25.

[169] Samuelson, P. A. Economics of foretry in an evolving society. *Economic Inquiry*, 1976 (14): 466 - 492.

[170] Hartman, R. The harvesting decision when a standing forest has val-

uea. *Economic Inquiry*, 1976, 14 (1): 52 -58.

[171] Alig, R. A., Lee, K. J. and Moulton, R. J. Likelihood of timber management on nonindustrial private forests: evidence from research studies. Southeastern Forest Experiment Station, General Technical Report SE-60, Forest Service, Department of Agriculture, United States, 1990.

[172] Beach, R. H., Pattanayak, S. K., Yang, J. et al. Econometric studies of non-industrial private forest management a review and synthesis. *Forest Policy and Economics*, 2005 (7): 261 -281.

[173] Fenske, J. L'Ĕtranger: Status, property rights, and Investment incentives in Côte d'Ivoire. *Land Economics*, 2010, 86 (4): 621 -644.

[174] Pande, R., Udry, C. Institutions and development: A view from below. // Blundell, R., Newey, W. K. and Persson, T. (eds) Advances in Economics and Econometrics. Cambridge: Cambridge University Press, 2006.

[175] Place, F., Roth, M. and Hazell, P. Land tenure security and agricultural performance in Africa: Overview of research methodology. // Bruce, J. W., Migot-Adholla, S. E. (eds) Searching for Land Tenure Security in Africa. Dubuque, Iowa: Kendall/Hunt Publishing Company, 1994.

[176] 刘璨. 改革开放三十年以来中国集体林发展趋势分析 [J], 绿色中国, 2009, (1): 43 -45.

[177] Hakim, C. Research design: successful designs for social economics research. London and New York: Routledge, 2000.

[178] Devereux, S., Hoddinott, J. Fieldwork in developing coun-

tries. FAO working paper, 1993.

[179] Little, R. J. A., Rubin, D. B. Statistical Analysis with Missing Data (2nd Ed.). New York: John Wiley & Sons, 2002.

[180] Stiglitz, J. Some theoretical aspects of agricultural policies. *The World Bank Research Observer*, 1987 (2): 43-60.

[181] Kreps, D. M. Microeconomic Foundations I: Choice and Competitive Markets. Princeton, NJ: Princeton University Press, 2013.

[182] Sadoulet, E., de Janvry, A. Quantitative Development Policy Analysis. Baltimore and London: The Johns Hopkins University Press, 1995.

[183] Roy, A. Some thoughts on the distribution of earnings. *Oxford Economic Papers*, 1951 (3): 135-145.

[184] Rubin, D. Estimating causal effects to treatments in randomized and non-randomized studies. *Journal of Educational Psychology*, 1974 (66): 688-701.

[185] Imbens, G. W., Wooldridge, J. M. Recent developments in the econometrics of program evaluation. *Journal of Economic Literature*, 2009, 47 (1): 5-86.

[186] Rosenbaum, P. R. Design of Observational Studies. Springer, 2010.

[187] Wooldridge, J. M. Econometric Analysis of Cross Section and Panel Data. Cambridge and London: MIT Press, 2010.

[188] Hampson, F. O. Forming Economic Policy: The Case of Energy in Canada and Mexico. UK: Bloomsbury 3PL, 1986.

[189] Mather, A. S., Fairbairn, J., Needle, C. L. The Course and

Drivers of the Forest Transition: the Case of France. *Journal of Rural Studies*, 1999, 15 (1), 65 -90.

[190] Hirsch, O. P. , Lohmann, L. Contemporary Politics of Environment in Thailand. *Asian Survey*, 1989 (29): 439 -451.

[191] Hart, O. , Moore, J. Foundations of incomplete contracts. *Review of Economic Studies*, 1999 (66): 115 -138.

[192] Deininger, K. , Feder, G. Land Institutions and Land Markets// Gardner B, Rausser G. Handbook of Agricultural Economics. Amsterdam: North Holland Publishing Company, 2001: 288 -331.

[193] 马贤磊，仇童伟，钱忠好 . 农地产权安全性与农地流转市场的农户参与——基于江苏、湖北、广西、黑龙江四省（区）调查数据的实证分析 [J]. 中国农村经济，2015 (2): 22 -37.

[194] 郜亮亮，黄季焜，冀县卿 . 村级流转管制对农地流转的影响及其变迁 . 中国农村经济，2014 (12): 18 -29.

[195] 田传浩，贾生华 . 农地制度、地权稳定性与农地使用权市场发育：理论与来自苏浙鲁的经验 . 经济研究，2004 (1): 112 -119.

[196] Shi, M. , Waible, H. , Huang, J. K. Smallholder participation in land rental market in a mountainous region of southern China: impact of population aging, land tenure security and ethnicity. *Land Use Policy*, 2017 (68): 625 -637.

[197] Feng, S. , Heerink, N. , Ruben, R. , et al. Land rental market, off-farm employment and agricultural production in southeast China: a plot-level

case study. *China Economic Review*, 2010, 21 (4): 598 -606.

[198] Otsuka, K., Place, F. M. Land tenure and natural resource management: a comparative study of Agrarian communities in Asia and Afirca. *Food Policy*, 2001, 85 (3): 778 -779.

[199] Swinnen, F. M., Rozelle, S. From Marxs and Mao to the Market: the Economics and Politics of Agricultural Transition: Oxford: Oxford University Press, 2006.

[200] Weyerhaeuser, H., Kahrl, F., Su, Y. Ensuring a future for collective forestry in China's southwest: adding human and social capital to policy reforms. *Forest Policy and Economics*, 2006 (8): 375 -385.

[201] 王成军，何秀荣，徐秀英等．林地规模效率与农户间林地流转：来自浙江省的实证．农业技术经济，2010 (10): 58 -65.

[202] Thomas, M. Productivity, Technical Efficiency, and Farm Size in Paraguayan Agriculture. *SSRN Electronic Journal*, 2007.

[203] 孙小龙．产权稳定性对农地流转、投资和产出的影响研究 [D]. 中国农业大学，2018.

[204] 刘小强，徐晋涛，王立群．集体林权制度改革对农户收入影响的实证分析 [J]. 北京林业大学学报（社会科学版），2011 (6): 69 -75.

[205] Newey, W. K. Efficient estimation of limited dependent variable models with endogenous explanatory variables. *Journal of Econometrics*, 1987, 36 (3): 231 -250.

[206] Rivers, D., Vuong, Q. H. Limited information estimators and exo-

geneity tests for simultaneous probit models. *Journal of econometrics*, 1988, 39 (3): 347 -366.

[207] Lokshin, M., Sajaia, Z. Impact of interventions on discrete outcomes: maximum likelihood estimation of the binary choice models with binary endogenous regressors. *Stata Journal*, 2011, 11 (3): 368 -385.

[208] Joshua, A., Jorn-Steffen, P. Mastering Metrics-the Path from Cause to Effect. Princeton university press, 2015.

[209] 唐守正，雷相东．加强森林经营，实现森林保护与木材供应双赢 [J]. 中国科学：生命科学，2014，44 (3)：223 -229.

[210] Cartwright, E. Behavioral economics (third edition). New York: Routledge Press, 2018.

[211] De Janvry, A., Sadoulet, E. Development economics: theory and practice. London and New York: Routledge, 2016.

[212] Stiglitz, J. E. The efficiency wage hypothesis, surplus labor, and the distribution of income in LDCs. *Oxford Economic Papers*, 1976, 28 (2): 185 -207.

[213] Biφrn, E. Econometrics of Panel Data: Methods and Applications. UK: Oxford University Press, 2017.

[214] Fabozzi, F. J., Focardi, S. M., Rachev, S. T. et al. The Basics of Financial Econometrics: Tools, Concepts, and Asset Management Applications. New Jersey: John Wiley & Sons, Inc, 2014.

献给王育荣